Introducción a la gestión económica-financiera del restaurante

Editado por:
EDITORIAL FAE, S.L.U.
Correo electrónico: editorial@editorialfae.com

Introducción a la gestión económica-financiera del restaurante
Javier Sainz Sánchez

1ª Edición

ISBN: 978-84-1135-291-8

Impreso en España

Presentación

Ficha técnica del curso

El presente manual desarrolla el contenido teórico de la acción formativa "Introducción a la gestión económica-financiera del restaurante" incluida en FUNDAE con código HOTR0001 en la familia profesional de Hostelería y Turismo dentro del Área Profesional de "Restauración".

la acción formativa cuenta con una duración de 35 horas y su contenido está estructurado en cuatro unidades de aprendizaje que se distribuyen según lo expuesto en el siguiente índice.

Índice

U. A. 4. Manejo de programas informáticos en restauración

Ejercicios prácticos

Ejercicio de evaluación final

Solucionario

Bibliografía

U. A. 1. Conocimiento e implantación del proceso administrativo y contable en restauración

Introducción

Los procesos de administración y contable en una empresa de restauración son dos tareas diferentes, pero unidas entre sí; la una no tendría sentido sin la otra y es por ello que se pasan a definir a continuación para mejor comprensión del estudiante.

La administración es la materia que se encarga de estudiar a las instituciones y las formas que tiene de planificar, organizar, dirigir y realizar un control sobre los recursos humanos, financieros, materias, técnicas, etc.

Su objetivo es obtener el mayor beneficio posible, ya sea, económico, material o financiero, entre otros, dependiendo de la empresa. Teniendo en cuenta esto último, según sea el objetivo perseguido (que generalmente es económico), se definirá un tipo de administración u otro.

Otras definiciones de administración se pueden observar en la siguiente lista:

- Administrar es una ciencia que engloba principios, métodos y formas de trabajo, que aúna el esfuerzo de los trabajadores estableciendo formas racionales de trabajo cooperativo, con el fin del logro de los objetivos.
- Administración es alcanzar una meta establecida a través del esfuerzo de varios.

- Administrar es la satisfacción de unos objetivos empresariales (en este caso) usando unas estructuras y un esfuerzo humano en coordinación.
- La administración trata de coordinar de manera eficiente y capaz los recursos empresariales para llegar a unas metas establecidas, siempre con la máxima productividad.

Por otro lado, la contabilidad persigue la anotación de eventos económicos relevantes de la empresa, teniendo en cuenta la cronología de los mismos. Estos eventos tienen que ser medibles de forma cuantificable e identificable.

Se utiliza como referente para tomar una decisión, debido a que se fundamenta en la información financiera que crea una entidad, con el fin de crear y comunicar información provechosa, que se pueda entender y que aporte confianza a los usuarios. A grandes rasgos, hay dos tipos de contabilidad:

- **Macrocontabilidad:** un ejemplo sería la contabilidad de un país o estado.
- **Microcontabilidad:** es la contabilidad llevada a cabo por empresas de mayor o menor tamaño, pero que nunca superan el de un estado.

En el caso del estudiante, esta es la que va a ocupar esta unidad. Dependiendo del volumen de la actividad empresarial, la microcontabilidad se puede dividir en:

- **Contabilidad financiera:** Aporta información básica de cómo funciona y en qué situación se encuentra la empresa dentro de la parcela de financiación. Suele estar regulada por la Administración pública, y a veces, se suele encargar su gestión a una empresa externa, la cual debe ser remunerada.

- **Contabilidad de gestión:** Es utilizada de manera interna en la empresa, basándose en el cálculo de costes, situación económica y de producción en la empresa. Todos estos cálculos le permiten adoptar unas medidas con respecto a la marcha del negocio, buscando siempre la corrección de la misma en caso negativo, y buscando formas de aumentar el beneficio.

Objetivos

- Conocer todo el proceso de facturación, para qué sirven las facturas, qué datos constan, entre otros.
- Cómo se gestiona y controla una empresa y qué diferencias hay entre ellas.
- Saber qué son los asientos contables y su utilidad.
- Clasificar las fuentes de información no rutinarias más comunes en una empresa.

U. A. 1. Conocimiento e implantación del proceso administrativo y contable en restauración

1. Proceso de facturación

En un negocio es fundamental la venta de productos o servicios y su correspondiente registro a través de la facturación pertinente. Las facturas son documentos donde se registra la compra o venta de un bien o servicio, teniendo valor legal y fiscal.

Suelen tener carácter mercantil, y en ella se incluye información relevante sobre la transacción. Cada empresa puede emitir la factura que más le interese, pero deben reflejar una serie de datos de obligado cumplimiento:

- Número de la factura.
- Nombre de los compradores y vendedores (sea empresa o particular).
- NIF o DNI.
- Fecha de expedición.
- Descripción de los servicios o bienes.
- Precio por unidad de venta, y precio antes de impuestos.
- Impuestos, IVA e IRPF, e importe total.

Hay que recordar que toda empresa o persona autónoma está obligada a emitir facturas por la prestación de un servicio o la venta de un bien. Estas pueden ser de carácter completo o simplificado.

Obligatorio

La emisión de facturas es obligatoria en cualquier caso de transacción comercial.

FACTURA

D. Javier Javier Javier
NIF: 12345678x
AV. Del pino
12004 Córdoba

Nº DE FACTURA: 1
FECHA: 1 de septiembre

Para:

UNIDADES	DESCRIPCION	PRECIO UNIT.	TOTAL
1			
		SUBTOTAL	
		RETENCION I.R.P.F. (7%)	
		TOTAL	

Nº cuenta bancaria: xxxx xxxx xxxx xxxx

Firmado

Ejemplo de factura inventado

Se recuerda continuación la información básica que debe aparecer en una factura:

- Número.
- Nombre de autónomo o empresa.
- Fecha de expedición.
- Descripción del bien o servicio.
- Precio por unidad.
- Impuestos.

El proceso de facturación, como ya se ha visto, es la consecución de una transacción comercial, en donde se siguen una serie de pasos para llevarla a cabo.

1. En un primer paso, es importante cerciorarse de que el cliente ha recibido el bien o servicio en unas condiciones adecuadas, es decir, que no esté roto el

producto o que el servicio se haya realizado completamente. Es interesante buscar una forma de comprobar que se ha llevado a cabo.

2. En un segundo lugar, se encuentra la confirmación de la recepción del producto o servicio. Para ello, es bueno tener descritas las condiciones en que se produce la misma: cómo se paga, tipo de descuento si hubiese, etc. Parte de esta información se incluye en la factura.

3. Tercer paso, emitir la factura correspondiente al cliente. Esta puede ser en papel o digitalmente, incluyendo la información que arriba se expone y para ello hay diferentes softwares informáticos que pueden ayudar en la ardua tarea.

4. Cuarto y último paso, archivar copias de las facturas para una mejor gestión contable en el futuro y por si apareciesen problemas con la gestión económica.

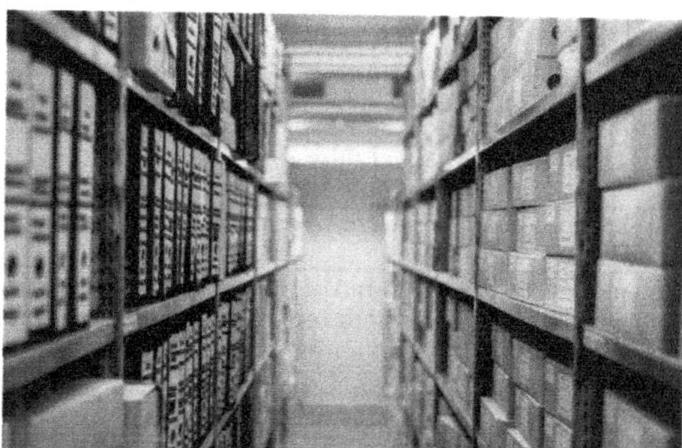

Ejemplo de archivado

Resumiendo, se podría que el proceso de facturación, es como continúa:

1. Vender producto.
2. Recepcionar producto.
3. Emitir factura.
4. Archivar factura.

Software: se trata básicamente de un programa informático. El software hace referencia todos los componentes intangibles de un ordenador.

A continuación, se muestran una serie de términos empleados en la facturación:

Compra	Adquisición de un bien o servicio a cambio de una remuneración económica. En función del tipo de empresa que se trate se prestará un bien o se ofrecerá algún servicio a los clientes.
Venta	Transacción en la que se recibe una obligación o dinero cambio de la prestación de un servicio o la venta de un bien.
Libro de ventas	Documento de registro de ventas llevadas a cabo al día. Se realiza un cierre mensual.
Libro de compras	Documento de registro de las compras que realiza una empresa a otras empresas o suministradores.
Proveedor	Empresa o autónomo que vende bienes y servicios a la empresa.
Cliente	Usuario final o intermedio que adquiere bienes y servicios.
Presupuesto	Estrategia con un objetivo establecido, expresada en valor y términos financieros, que se debe cumplir bajo ciertas condiciones de tiempo.
Factura	Documento legal de compra-venta donde se incluye información específica de la transacción.
Impuesto	Tributos impuestos por la Administración para regular diferentes actividades comerciales. Es muy importante tener presente que existe un calendario de impuestos, los cuales pueden variar en el momento del pago según sea una localidad u otra.

U. A. 1. Conocimiento e implantación del proceso administrativo y contable en restauración

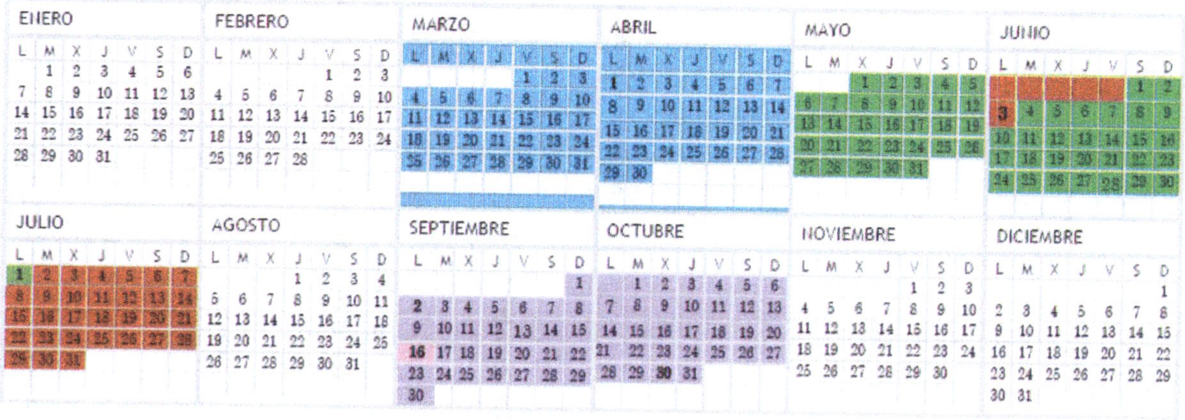

Ejemplo de calendario de impuestos del ayuntamiento de Toledo 2019

Ejemplo de libro de ventas

2. Gestión y control

A través de la gestión y control de la contabilidad se puede llevar un registro y control sobre todas las operaciones económico financieras que se llevan a cabo dentro de un negocio. Según sea el tamaño del negocio, la gestión y control abarcará más o menos recursos.

Es una acción básica que aporta información relacionada con costes y beneficios. La gestión se suele llevar en tres pasos:

- Registro de actividad económica de la compañía, se registran las acciones comerciales de la misma.
- Clasificación de la información categorizada según su naturaleza y tipo de transacción llevada a cabo.

- Simplificación de la información para mayor y mejor comprensión por parte del personal de la empresa.

Se podría definir la contabilidad de gestión como el uso, análisis y explicación de la información que se obtiene en la contabilidad con vistas a adoptar una decisión u otra en un corto plazo de tiempo.

Repercute directamente en la empresa mejorando la toma de decisiones de los gerentes, buscando siempre el aumento de los ingresos económicos y aprovechar mejor los recursos de que dispone la empresa para hacer frente a esta búsqueda.

Por otro lado, el control contable es el proceso administrativo utilizado para mantener la exactitud y certeza de las transacciones económicas empresariales y de contabilidad que se llevan a cabo dentro de esta.

Se trata de dos tareas que conviven en simbiosis para buscar alcanzar las metas para las cuales la empresa desarrolle su actividad.

Estos objetivos generalmente, son económicos, si bien, la empresa debe velar por los intereses de la sociedad donde opera, ya que, sus acciones tienen repercusiones sociales y ecológicas.

En resumen, la gestión se cumple en tres pasos:

- Registro de la actividad.
- Clasificar información.
- Simplificar información.

Saber más

- **Gestionar:** llevar adelante una empresa o proyecto, administrar o manejar una compañía, o liderar o conducir una situación específica.
- **Controlar:** Control puede ser el dominio sobre algo o alguien, una forma de fiscalización, un mecanismo para regular algo.

De entre los objetivos que se buscan, se destacan:

- Pronosticar la cantidad de dinero existente.
- Mejorar la toma de decisión en cuanto a inversiones.
- Ayudar en la gestión de etapas de planificación, organización y dirección en la compañía.

Ejemplo de transacción comercial

- Utilizarse como medidor del precio de productos y servicios a poner en venta por parte de la empresa.
- Controlar todas las operaciones financieras y económicas de la organización para un mejor aprovechamiento de recursos.
- Es utilizado para determinar la cuantía de los beneficios.
- Determinar el impacto en la sociedad donde la empresa opera.

Es de destacar que se trata de una herramienta útil para controlar transacciones comerciales y financieras de empresas, mejorando la productividad y aprovechando los recursos de la misma.

Recuerda

Una empresa puede ofrecer bienes (café con leche) o servicios (asesoramiento nutricional).

Para sintetizas, se podría decir que la gestión y control se aplican para lo siguiente:

- Pronosticación económica.
- Mejorar decisiones.
- Ayudar en planificaciones.
- Medidos de precios de bienes y servicios.
- Control de operaciones económico-financieras.

- Determinar valor de bienes y servicios.
- Determinar el impacto social.

3. Registros contables

Generalmente se le conoce como apunte contable o asiento contable. No es más que una nota que se realiza en los libros de contabilidad para anotar un movimiento monetario.

Su principal misión es recoger cualquier entrada o salida de dinero del patrimonio que posee una empresa, contando en sus movimientos dos palabras conocidas e importantes:

- **Debe:** se refiere al incremento de bienes, derechos de cobro, entrada de dinero, reducción de deudas o reducción de patrimonio neto.
- **Haber:** se refiere al decremento de bienes, derechos de cobro, salida de dinero, incremento de deudas o incremento de patrimonio neto.

Está muy relacionado con el ACTIVO y el PASIVO. La ENTRADA DE DINERO, supone un CAMBIO EN LA COMPOSICIÓN DEL ACTIVO (crece el dinero en efectivo, a la vez que decrece el valor de la cuenta que refleja el producto que tenemos para la venta, un elemento de nuestra empresa que hemos vendido o desechado, o la deuda que mantiene un cliente con nuestra empresa), o bien un INCREMENTO DEL PASIVO (crece el dinero en efectivo a la vez que crece el valor de la cuenta que refleja la deuda que mantenemos con una entidad determinada, por ejemplo, cuando nos hacen un préstamo y recibimos el dinero).

A su vez, la SALIDA DE DINERO, supone un **CAMBIO EN LA COMPOSICIÓN DEL ACTIVO** (se reduce el dinero en efectivo, a la vez que crece el valor de la cuenta que refleja el producto que tenemos para la venta, un elemento que hemos comprado para nuestra empresa, o la deuda que mantiene una entidad a la que hemos prestado dinero), o bien una **REDUCCIÓN DEL PASIVO** (se reduce el dinero en efectivo a la vez que se reduce el valor de la cuenta que refleja la deuda que mantenemos con una entidad determinada, por ejemplo, cuando pagamos el recibo de un préstamo).

Calculadora usada en contabilidad

Deben constar de una serie de datos, aunque los básicos son:

- Fecha.
- Cuentas que toman parte.
- Cantidad.
- Breve descripción del movimiento.

Estos son anotados en el libro contable y dejan tener un control sobre las cuentas de una compañía, lo cual es bastante útil a la hora de administrar el buen funcionamiento de un establecimiento.

La parte económica, si bien no es la única, es una de las más relevantes, ya que, lo que se pretende al abrir un negocio es ganar dinero. Si bien, no se deben descuidar otros aspectos como el social o el ecológico que repercuten en la sociedad donde se comercia.

Activo: los activos son los bienes, derechos y otros recursos controlados económicamente por la empresa, resultantes de sucesos pasados y de los que se espera obtener beneficios o rendimientos económicos en el futuro.

Pasivo: en contabilidad, el pasivo son las deudas y obligaciones con las que una empresa financia su actividad con las que paga su activo.

En muchos países, España es uno de ellos, la legislación obliga a poseer registros contables, tales como:

- **Libro diario:** están anotados todos los asientos contables y sus justificantes.
- **Libro de inventarios y balances:** se especifican cambios en la contabilidad de cada ejercicio.

Al escribir la información en los registros contables, se produce un doble beneficio: para la empresa, que puede así controlar toda su actividad, y para la administración, que retiene y estudia esos registros, para conocer la situación de la empresa y saber si cumple con la ley o no.

En caso de delito, las penas pueden variar en función del mismo

En caso de no adaptarse a la legislación, las autoridades pertinentes pueden entrar en un proceso sancionador, y en función de la falta cometida, la cuantía de la pena será más o menos grande, pudiendo implicar el ingreso en prisión del infractor en caso de falta grave.

No es obligatorio contratar los servicios de una empresa externa especializada en contabilidad para que lleve las cuentas de una empresa, pero si es más que recomendable alquilar estos servicios, pues se trata de una tarea bastante compleja cuyos conocimientos se escapan de la población en general.

Los asientos contables pueden ser clasificados como a continuación se muestra:

Por la calidad de la información	Registros con información mezclada. Registros con información similar
Por la cantidad de la información	Registros principales, contienen toda la información de la empresa. Registros auxiliares, contienen parte de la información de la empresa.
Según exija la ley	Obligatorios por la ley: libro diario, libro de inventario y balances, libro de actas de asambleas, libro de accionistas, diario de IVA, registro único de trabajo. No obligatorios, no son requeridos por el Estado, pero son necesarios para la buena actividad de la empresa.
Según el lugar de origen de la información	Registros de primera entrada, la información nace en los comprobantes y se anota en los registros. Registros de segunda entrada, la información se copia de un registro a otro registro.
Según el contenido	Registros cronológicos, se anotan según un orden ascendente o descendente. Registros sistemáticos, son registrados directamente.
Según su forma	Registros encuadernados, es lo normal en un libro de registro. Registro digital, más modernos, son anotados en un dispositivo electrónico.

CAJA (Mes/año)									
DEBE					HABER				
Fecha	Cuenta	Detalle	Parcial	Total	Fecha	Cuenta	Detalle	Parcial	Total

Ejemplo de asiento contable

4. Clasificación de las fuentes de información no rutinarias

Las fuentes de información representan todos los documentos y comprobantes que van a contener las operaciones que son realizadas en la compañía.

Todo lo que suponga una variación en el aspecto económico, tendrá susceptibilidad de ser recogido y contabilizado como tal, con lo que cobra importancia la tarea de justificar y mantener el justificante de dicho movimiento.

Así lo establece el Código de Comercio y obliga a tener en posesión dicho documento 6 años.

Obligatorio

Código de comercio: es un conjunto de elementos unitarios, ordenado y sistematizado de normas de Derecho mercantil, es decir, un cuerpo legal que tiene por objeto regular las relaciones mercantiles y comerciales.

Las fuentes de información pueden ser clasificadas como:

- **Fuentes de información rutinarias:** ventas, compras, costes de las ventas, nóminas, gastos generales de la empresa, cajas y bancos.
- **Fuentes de información no rutinarias:** elaboración de inventarios y su detalle, estudio de la longevidad de los saldos de los clientes, registro periódico de los gatos pagados por anticipación, análisis de amortización y depreciación de bienes de la empresa, calcular impuestos sobre beneficios empresariales.

A. Elaboración de inventarios y su valoración

El inventario se puede describir como una relación que existe entre los productos que se tienen a causa de un recuento de los artículos que existen en almacenaje.

Es utilizado para conocer cómo se encuentra el stock de un determinado producto, si se está gestionando correctamente y permitir realizar comprobaciones, cambios y rectificaciones si fuesen pertinentes.

 **Obligatorio**

La ley obliga a las empresas a realizar un inventario mínimo al año, si bien, lo conveniente es realizar varios para conocer más concretamente la situación de la empresa.

El control de almacén se puede hacer de manera continua o intermitente según haya un flujo u otro de entrada y salida de mercancía.

B. Estudio de la longevidad de los saldos de los clientes

Se intenta constatar la evolución temporal de los importes debidos por cada cliente, estando presente los retrasos sobre los vencimientos pactados con anterioridad.

Así, se determinará qué riesgo que presenta un cliente, separando la deuda vencida de la no vencida.

C. Registro periódico de los gastos pagados por anticipación

Se encuadran dentro del activo de la empresa y forma un grupo menor dentro de pagos anticipados.

Se trata de aquellas cuentas que reflejan pagos ya efectuados por la compañía y que deban ser pagados previamente.

Se pueden encontrar:

- **Asientos irreversibles:** Supone el establecimiento de dos asientos, uno para crear una cuenta del gasto pagado de antemano y otro para ajustar el mismo dentro de la empresa.
- **Asientos reversibles:** Vuelve a traer la tarea de preparar dos asientos, uno para apropiar la cuenta de los gastos y otro para ajustar la misma a la actividad de la empresa.

D. Análisis de amortización y depreciación de bienes de la empresa

La amortización de los bienes de una empresa viene a ser uno de los conceptos más valiosos para la buena gestión de la misma, pues tiene un impacto inmediato sobre la rentabilidad y ciertos impuestos como el IRPF.

 **Saber más**

IRPF: impuesto de la renta sobre las personas físicas.

La depreciación es una manera de perder dinero

Muy resumidamente se puede decir que la amortización es la cantidad de dinero que se va a destinar a la recuperación de la inversión que se hizo de un bien y que estará mucho tiempo en la empresa.

Generalmente los bienes o activos, se empieza a amortizar en el mismo preciso momento en que se pone a funcionar para generar dinero. Pero, su determinación, es decir, el cálculo del valor amortizable de un bien, viene establecida por métodos legales como las tablas de amortización.

Grupo	Elementos patrimoniales	Coeficiente lineal máximo (%)	Período Máximo (Años)
1	Edificios y otras construcciones	3	68
2	Instalaciones, mobiliario, enseres y resto del inmovilizado material	10	20
3	Maquinaria	12	18
4	Elementos de Transporte	16	14
5	Equipos para tratamiento de la información y sistemas y programas informáticos	26	10
6	Útiles y herramientas	30	8

Ejemplo tabla amortización

En cuanto a la depreciación, viene a ser una pérdida o disminución del valor que tiene un bien debido al paso del tiempo y en función del uso que se dé.

Afecta a la vida útil del bien hasta su último día. Se trata de una parte importante de la empresa a la hora de realizar la adquisición de un bien.

Vocabulario

- **Depreciación:** una pérdida o disminución del valor que tiene un bien debido al paso del tiempo y en función del uso que se dé.
- **Amortización**: cantidad de dinero que se va a destinar a la recuperación de la inversión que se hizo de un bien y que estará mucho tiempo en la empresa.

Para recordar las fuentes de información no rutinarias:

- Elaboración de inventarios y su detalle.
- Estudio de la longevidad de los saldos de clientes.
- Registro periódico de los gastos pagados por anticipación.
- Análisis de amortización y depreciación de bienes de la empresa.
- Calcular impuestos sobre beneficios empresariales.

Resumen

Una vez terminada la unidad, el alumno ya sabe en qué consiste el proceso administrativo y contable en restauración.

Se han puntualizado diferencias entre administrar y controlar. Además, se ha explicado todo el proceso de facturación, desde su utilidad y obligatoriedad, hasta qué datos incluir.

Por otra parte, se han explicado los conceptos básicos de contabilidad como asiento contable y se ha remarcado su importancia dentro de esta ciencia.

Finalmente, se han expuesto las fuentes de información no rutinarias más comunes y se han comparado con las rutinarias.

Glosario

Administración

Hace referencia al Gobierno.

Administración (con minúscula)

Hace referencia al verbo administrar.

Código de comercio

Es un conjunto de elementos unitarios, ordenado y sistematizado de normas de Derecho mercantil, es decir, un cuerpo legal que tiene por objeto regular las relaciones mercantiles y comerciales.

Controlar

Control puede ser el dominio sobre algo o alguien, una forma de fiscalización, un mecanismo para regular algo.

Debe

Se refiere a la salida del dinero.

Gestionar

Llevar adelante una empresa o proyecto, administrar o manejar una compañía, o liderar o conducir una situación específica.

Haber

Se refiere al ingreso del dinero.

IRPF

Impuesto de la renta sobre las personas físicas.

Macrocontabilidad

Un ejemplo sería la contabilidad de un país o estado.

Microcontabilidad

Es la contabilidad llevada a cabo por empresas de mayor o menor tamaño, pero que nunca superan el de un estado.

Software

Se trata básicamente de un programa informático. El software hace referencia todos los componentes intangibles de un ordenador.

Ejercicios de autoevaluación

1. Los procesos de administración y contable de una empresa de restauración son:

a) Dos tareas diferentes, pero unidas entre sí; la una no tendría sentido sin la otra.

b) Dos tareas similares, pero unidas entre sí; la una no tendría sentido sin la otra.

c) Dos tareas diferentes, pero separadas entre sí; la una no tendría sentido sin la otra.

d) Dos tareas diferentes, pero unidas entre sí; la una tendría sentido sin la otra.

2. La administración es la materia que:

a) Se encarga de estudiar a las instituciones y las formas que tiene de planificar, organizar, dirigir y realizar un control sobre los recursos humanos solamente.

b) Se encarga de estudiar a las instituciones y las formas que tiene de planificar, organizar, dirigir y realizar un control sobre los recursos humanos, financieros, materias, técnicas, etc.

c) Se encarga de estudiar las formas que tiene de planificar, organizar, dirigir y realizar un control sobre los recursos humanos, financieros, materias, técnicas, etc.

d) Se encarga de estudiar a las instituciones y las formas que tiene de planificar, dirigir y realizar un control sobre los recursos humanos, financieros, materias, técnicas, etc.

3. El objetivo de la administración es:

a) Tener el menor beneficio posible empresarial porque eso es lo que todas las empresas desean.

b) Tener el máximo personal posible para que la empresa funcione mejor de cara a la competencia.

c) Tener el mayor beneficio posible empresarial porque eso es lo que todas las empresas desean.

d) Tener un beneficio medio porque eso es lo que todas las empresas desean.

4. La contabilidad es:

a) La ciencia que persigue la anotación de eventos económicos relevantes de la empresa, teniendo en cuenta la cronología de los mismos.

b) La ciencia que persigue la anotación de eventos personales relevantes de la empresa, teniendo en cuenta la cronología de los mismos.

c) La ciencia que persigue la anotación de eventos personales relevantes de la sociedad, teniendo en cuenta la cronología de los mismos.

d) La ciencia que persigue la anotación de eventos personales relevantes de la empresa, sin tener en cuenta la cronología de los mismos.

5. La contabilidad financiera es:

a) Es utilizada de manera externa en la empresa, basándose en el cálculo de costes, situación económica y de producción en la empresa. Todos estos cálculos le permiten adoptar unas medidas con respecto a la marcha del negocio.

b) Aporta información compleja de cómo funciona y en qué situación se encuentra la empresa dentro de la parcela de financiación. Suele estar regulada por la Administración pública.

c) Es utilizada de manera interna en la empresa, basándose en el cálculo de costes, situación económica y de producción en la empresa. Todos estos cálculos le permiten adoptar unas medidas con respecto a la marcha del negocio.

d) Aporta información básica de cómo funciona y en qué situación se encuentra la empresa dentro de la parcela de financiación. Suele estar regulada por la Administración pública.

6. ¿Qué son las facturas?

a) Son documentos donde se registra la compra o venta de un bien o servicio, no teniendo valor legal y fiscal. Suelen tener carácter judicial, y en ella se incluye información relevante sobre la transacción.

b) Son documentos donde se registra la compra o venta de un bien o servicio, teniendo valor legal solamente. Suelen tener carácter mercantil, y en ella se incluye información relevante sobre la transacción.

c) Son documentos donde se registra la compra o venta de un bien o servicio, teniendo valor legal y fiscal. Suelen tener carácter mercantil, y en ella se incluye información relevante sobre la transacción.

d) Son documentos donde se registra la compra o venta de un bien o servicio, no teniendo valor legal y fiscal. Suelen tener carácter mercantil, y en ella se incluye información relevante sobre la transacción.

7. ¿Qué datos mínimos deben aparecer en las facturas?

a) Número de factura, nombre de los compradores y vendedores, DNI o NIF, fecha de expedición, descripción de los bienes o servicios, precio por unidad de venta y precio antes de impuestos, impuestos.

b) Número de factura, nombre de los compradores y vendedores, DNI o NIF, fecha de expedición, descripción de los bienes o servicios, precio por unidad de venta.

c) Número de factura, nombre de los compradores y vendedores, fecha de expedición, descripción de los bienes o servicios, precio por unidad de venta y precio antes de impuestos, impuestos.

d) Número de factura, nombre de los compradores y vendedores, DNI o NIF, descripción de los bienes o servicios, precio por unidad de venta y precio antes de impuestos, impuestos.

8. ¿Quién está obligado a emitir facturas según la legislación?

a) Pueden emitir facturas aquellas personas que lo deseen, pero no es obligatorio.

b) Nadie porque las facturas no hay por qué hacerlas.

c) Toda empresa o persona autónoma.

d) Solo las grandes empresas.

9. ¿Qué es el libro de ventas?

a) A y b son ciertas.

b) Documento de registro de las compras que realiza una empresa a otras empresas o suministradores.

c) Documento de registro de ventas llevadas a cabo al día, se realiza un cierre semanal.

d) Documento de registro de ventas llevadas a cabo al día, se realiza un cierre mensual.

10. ¿Qué es el libro de compras?

a) A y b son ciertas.

b) Documento de registro de las compras que realiza una empresa a otras empresas o suministradores.

c) Documento de registro de ventas llevadas a cabo al día, se realiza un cierre semanal.

d) Documento de registro de ventas llevadas a cabo al día, se realiza un cierre mensual.

U. A. 2. Gestión y control de las cuentas de clientes

Introducción

En el tema que nos ocupa, la contabilidad, hay una herramienta legal que permite una gestión más eficiente y ordenada de las economías de las empresas en el país. Esa herramienta es el Plan General de Contabilidad, un texto que regula a esta dentro de nuestras fronteras.

Uno de los principales objetivos del plan es el de dotar la contabilidad española a las normas internacionales de información financiera que fueron asumidas en la Unión Europea.

Dentro del PGC existen diferentes grupos, categorizados según su naturaleza, y en el caso que se ocupa, interesa el subgrupo 43 de clientes, encuadrado dentro del grupo 4 acreedores y deudores por operaciones comerciales del cuadro de cuentas del plan.

En este subgrupo se encuentra la siguiente lista:

- **Clientes:** Se incluyen aquí los créditos de clientes compradores de bienes, y los consumidores de los servicios que la empresa pudiese prestar, contando con que se trate de una las actividades principales dentro de la compañía. Generalmente las empresas buscan un beneficio económico, siendo este la pieza clave del funcionamiento de esta.

- **Clientes, efectos comerciales a cobrar:** Se encuadran aquí los créditos con clientes, formalizados en efectos de giro aceptados.

- **Clientes, operaciones de "factoring":** En esta cuenta se anotan los créditos de clientes que se ceden en operaciones de "factoring" en donde la empresa guarda los riesgos y beneficios de los derechos de cobro de otras empresas con las que trabaja.

- **Clientes, empresas del grupo:** Se registran aquí aquellos créditos con las empresas que pertenecen al grupo empresarial, pero que igualmente actúan como clientes.

- **Clientes, empresas asociadas:** En esta se escriben los créditos de las empresas multi grupo y aquellas asociadas como clientes.

- **Clientes, otras partes vinculadas:** Se recogen créditos con personas o instituciones que poseen algún tipo de vínculo con clientes.

- **Clientes de dudosos cobros:** Se anotan los saldos de los clientes, los cuales han recibido el bien o la prestación del servicio, y para los que la empresa sume el riesgo de ser pagados o no. Es conveniente tomar medidas con respecto a este tipo de clientes.

- **Envases y embalajes a devolver por los clientes que las han usado:** Se incluyen aquí el dinero de los embalajes y envases que se cargan en la factura de los clientes, para que sean devueltos y volver a utilizarlos.

- **Anticipo de clientes:** Se escriben aquí la entrega que se hace en concepto de "a cuenta" de suministro a largo plazo de clientes.

Como se lleva viendo en las unidades previas, el objetivo principal de cualquier empresa es obtener un beneficio, que generalmente, es económico. La forma de obtenerlo es prestar un servicio u ofrecer un bien a cambio de una remuneración económica.

La contabilidad es la rama de la economía que permite conocer la situación económica de la compañía, ofreciendo detalles de las transacciones que se llevan a cabo.

Dentro de esta ciencia, se pueden encontrar subdivisiones en función de la parte que le toque, y es aquí donde se encuadra la cuenta de clientes. Esta recoge los derechos de cobro obtenidos de vender un producto o servicio que se han prestado, pero no han sido abonados, debido a que no se realiza el pago al momento. Así, se habla de un atraso entre el pago y la venta, que puede tener un tiempo de hasta 120 días.

Se debe tener presente que la cuenta clientes forma parte del activo circulante. Por contrapartida, la cuenta de proveedores que pertenece al pasivo.

A continuación, se expondrá brevemente un cuadro sobre qué es el pasivo y el activo que ayudará a entender mejor la lección:

- **Activo:** Conjunto de bienes y derechos que son propios de una empresa o autónomo que pueden ser susceptibles de transformarse en dinero cuando así se le requiera.

  Ejemplo: mobiliario, acciones, productos de venta, etc.

- **Pasivo:** Se trata del valor monetario que suman todas las deudas que una empresa o autónomo tiene con terceros.

  Ejemplo: bancos, cajas, proveedores, suministradores, empleados, proveedores Administración, etc.

Tipos de pasivo y activos:

- **Activos:**
  - **Activo fijo:** bienes y derechos que no se ponen en venta, ya que contribuyen al funcionamiento normal de la misma.
  - **Activo circulante:** bienes y derechos que pueden ser convertidos en dinero.

- **Pasivos:**
  - **Pasivo no exigible:** fondos de la empresa, como el capital total y el dinero de reserva.
  - **Pasivo exigible:** deudas de la empresa con bancos, cajas, proveedores, suministradores, empleados, Administración, etc.

La contabilización de las cuentas de clientes comienza en el momento de emitir la factura y termina con el cobro de esta.

La principal función de la cuenta de clientes debe ser el registro exacto de todos los movimientos con respecto a esta: pago, impagos, devoluciones, etc.

El conocer en qué estado se encuentran las cuentas permite saber a la empresa lo que un cliente le debe y cuáles son los cobros pendientes, pudiendo crear una lista de clientes que realizan pagos a tiempo y otra con clientes que tardan más tiempo en pagar.

Otro aspecto interesante de esta rama de la economía es que busca tener cero fallos a la hora de vender un producto o servicio, sirviendo los pedidos al completo, a tiempo, haciendo coincidir la orden de compra y siempre en unas condiciones adecuadas. Son muy importantes estas cuatro cualidades para poder vender con éxito un bien o servicio.

La actitud de la empresa ante los impagos es determinante a la hora de la buena salud económica. El adelantarse a ciertos acontecimientos puede ahorrar problemas en el futuro como los impagos, así el comprobar las facturas puede ser una medida a tomar en cuenta.

Objetivos

- Aprender diferentes conceptos de esta rama de la contabilidad.
- Conocer qué características debe tener un buen banco para trabajar con él.
- Sistematizar la caja para una mejor gestión.

1. Control de las cuentas de cliente y manejo de efectivo

La gestión del crédito de las cuentas por cobrar es una parte importante de la contabilidad de cuentas de clientes, y entre muchas funciones, se destacan:

- Registro y mantenimiento de las cuentas que se deben cobrar.
- Diseñar y enviar facturas tanto en papel como digitales.
- Registro de los pagos de clientes y asignación a las cuentas por cobrar correctas.
- Tener en cuenta el momento de expiración de pagos.
- Elaboración de avisos de pago.

En muchas situaciones empresariales, se da el hecho de tener que gestionar de forma eficaz la manera de exigir pagos pendientes antes de su vencimiento. Es por ello que el revisar las facturas y cerciorarse de que las partidas y los datos son correctos, puede no tener que crear el problema de contactar con deudores.

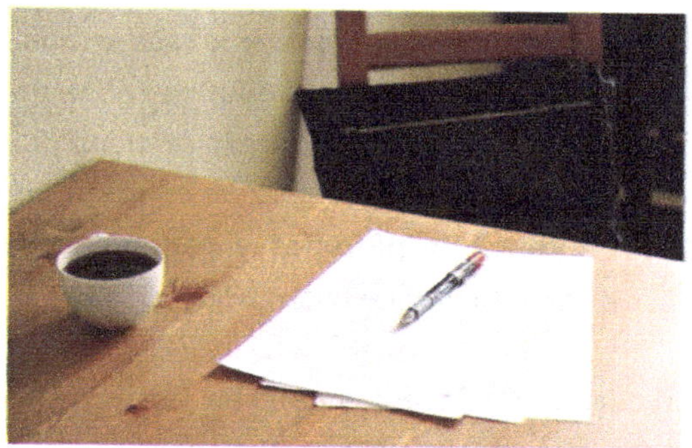

Es importante revisar los documentos tranquilamente

Por otra parte, da un toque de atención a aquellas que no han pagado y deben hacerlo antes de que se cumpla el plazo indicado, evitando caer en un proceso judicial.

Una buena forma de evitar este acto es la domiciliación bancaria, que permite realizar el cobro automáticamente.

Importante

Recuerde que entrar en un proceso judicial puede ser caro y requerir de mucho tiempo.

Una de las razones que puede provocar falta de dinero líquido en la caja de la empresa es la mala gestión en las cuentas que se tienen que cobrar. Esta escasez económica puede provocar que se tenga que estudiar la posibilidad de financiación externa, asumiendo los gastos que esto acarrea.

Existen diversas formas de financiación, como:

- Financiación interna.
- Financiación externa.
- Financiación alternativa.

De manera concisa, las fuentes de financiación interna se cuentan:

- **Aportación de socios:** lo más común es que una pyme sea sociedad limitada, y tengan que poner 3000€ de forma de capital socio.
- **Reserva y remanentes:** cantidad de dinero del beneficio que se destina a la empresa para que revierta en su crecimiento y desarrollo.
- **Cuenta de pérdidas y ganancias:** el beneficio como tal puede ser utilizado como fuente de financiación.

En cuanto a las fuentes de financiación alternativas, han surgido en los últimos años como respuesta a un nuevo modelo de negocio y una nueva forma de entender la relación cliente-proveedor.

El ***crowdlending*** se trata de pequeños inversores que envían dinero a las empresas a través de plataforma online. Son una especie de líneas de créditos.

Por otra parte, las fuentes de financiación externas son aquellas que vienen de fuera de la empresa o son ajenas a esta. Suelen tener su origen en entidades financieras y bancarias.

Se pueden encontrar:

- **Préstamos:** se trata de un contrato formal en donde un banco entrega dinero a un cliente, comprometiéndose este a devolver el dinero prestado con unos intereses dentro de un determinado tiempo.
- **Línea de crédito:** el banco pone en manos del cliente una cantidad de dinero durante un tiempo determinado, así, el cliente solo devuelve y abona intereses de la cantidad empleada.
- **Descuento de pagarés:** es un compromiso de pago antes de una fecha determinada.
- **Factoring:** se trata de la cesión de una cartera de clientes a otra entidad para que la segunda realice la administración de cobro y ajuste cuentas.
- **Confirming:** se trata de un sistema inverso al factoring, la empresa permite a los usuarios administrar el pago de las compras.
- **Renting y leasing:** viene a ser un alquiler de una máquina o equipo, sin tener que desembolsar la cantidad de compra.

En resumidas cuentas, las principales funciones de la gestión del crédito de las cuentas por cobrar son las que se destacan a continuación:

- Registro y mantenimiento de cobros pendientes.
- Diseño de facturas.
- Registro de pagos.
- Expedición de pagos.
- Generar avisos de pagos.

Debido a ello, se muestran una serie de sugerencias de control interno en la empresa que pueden asistir en la buena gestión de la cartera de clientes, cubriendo todas las necesidades económicas de la misma a tiempo o en caso de que existan retrasos, previéndolos:

- Comprobar el documento de cuentas por cobrar habitualmente.
- Determinar una filosofía correcta para otorgar crédito.

- Envío cada cierto tiempo de la cuenta a los clientes que deban pagarla, a fin de que no se olvide de realizar su pago. Esta actividad la puede llevar una empresa externa.
- Las políticas de crédito deberían armonizar con el mercado y con la parte de esta en la que se encuentre la empresa.
- Las cancelaciones de las ventas deben estar registradas en la documentación que cerciore el reingreso del bien en el almacén de la empresa.
- Asegurar que existen o no impuestos sobre el dinero que falta por cobrar.
- Comprobar y filtrar las cuentas de anticipo de clientes cada cierto tiempo.
- Anotar aquellos descuentos, rebajas y devoluciones que se apliquen a clientes.

En otro orden de cosas, una de las partes con mucha relevancia dentro de la empresa es el manejo de efectivo, siendo este, el dinero que se tiene en la caja registradora o en la cuenta del banco.

Saber qué banco se debe escoger es un paso muy importante, ya que, se va a depositar el dinero que representa el esfuerzo, la ilusión y el trabajo duro. Se debería escoger un banco con las siguientes características:

- Buena solvencia.
- Tipo de servicios que ofrecen.
- Facilidades que ofrecen a los clientes, gastos por comisiones u horario de apertura/cierre de la entidad.
- Su actividad fuera del país.
- Uso de banca electrónica, lo que puede ahorrar tiempo a la compañía.
- Uso de pocas cuentas, ya que, a más se tengan, más intereses se corre el riesgo de tener que pagar.
- Aumentar las medidas de seguridad para evitar robo o fraude.
- No dejar el dinero circulante en manos de personas de poca confianza.

El dinero en efectivo provoca que una empresa pueda realizar una serie de mejoras en la misma, desde inversiones hasta pagar nóminas. El equilibrio entre tener suficiente para cubrir gastos mínimos y poder tener cubiertas eventualidades futuras, hace que la cantidad suba o baje. Aprender cómo realizar un manejo eficiente del dinero es esencial para poder atender a los usuarios.

Se debe tener presente la situación económica de la entidad bancaria que se vaya a contratar.

Solvencia: es la capacidad económica que se tiene para cumplir con las obligaciones financieras.

Sedes bancarias

Dinero líquido o dinero en efectivo, es el mismo concepto, se trata del dinero del que se dispone físicamente en mano.

Por otro lado, hay que lleva un férreo control sobre el dinero de la caja para evitar pérdidas o extravíos innecesarios.

Comprobación diaria del estado de la caja	Se debe realizar antes de la apertura del establecimiento y justo al cerrar este. Además, se deben comprobar el estado de las cuentas bancarias, con el fin de conocer su situación y tener una realidad de la empresa desde el punto de vista económico; de esta forma se conoce más precisamente de qué salud económica goza el negocio en un momento determinado del ciclo económico en el que se encuentra la empresa.
Distribución en las cajas disponibles	En el caso de existir más de una caja, hay que tener un cajón donde se guarde todo el efectivo y en el momento de apertura del establecimiento, se le entrega a cada responsable de caja su cantidad pertinente, la cual, al final de la jornada será recogida y colocada nuevamente en el cajón. Si bien, no se recomienda mantener grandes cantidades de dinero en el establecimiento porque pueda ser sustraído o robado durante el periodo de cierre.
Comprobación de las cajas	Cada cambio de turno se debe llevar a cabo una verificación de caja para asegurar que no falta ni sobra dinero. En algunas cajas, esta acción se realiza automáticamente, con la mayoría, hay que realizar el conteo a mano.
Asegurar el dinero	Aunque cierta cantidad de dinero debe permanecer en el establecimiento, para dar cambio, por ejemplo, no se recomienda tener mucha gran cantidad del mismo en el local. Lo más sensato es guardarlo en el banco o, si se prefiere, se puede adquirir una caja fuerte y dejar todo lo valioso dentro de esta.
Contar el dinero	Capacidad transformadora del conocimiento producido. Mide la relación costo-producto
Disponibilidad de recursos	Al finalizar la jornada se debe cuadrar la caja. Para ello es conveniente cerrar el local y solo permanecer en el mismo el personal de mayor confianza, anotando todo el proceso. Se debe escribir también la cantidad de la caja al inicio del día, la cantidad al final del día, las ventas por tarjeta de crédito y cualquier otro movimiento de dinero físico hecho en el local durante la jornada de trabajo.

Si bien, lo habitual hasta ahora es el cobro en efectivo de las cantidades que se adeudan con su pertinente emisión de factura, en los últimos tiempos han surgido diferentes maneras de pago:

- **Uso de tarjeta de crédito/débito:** permite la transferencia directa de dinero a través de los dígitos de la tarjeta.

  Requiere de registrarse en Small World para enviar el dinero. Es la forma más rápida de transferencia de dinero.

- **Transferencia bancaria:** elaboración de una orden de transferencia con el dinero a enviar hacia un beneficiario.

Requiere de un sistema de confirmación y otro de seguridad. Generalmente, suele tener una pequeña comisión. A veces el dinero llega a las 24 o 48 horas después de realizar el envío.

- **Direct Debit:** se realizar una domiciliación bancaria de un pago que tiene un periodo establecido en un tiempo. Cuando el pago es autorizado, el dinero es extraído de la cuenta bancaria.

- **Ingreso bancario:** se puede optar por ingresar dinero líquido en la cuenta bancaria del beneficiario. Suele ser expedido un recibo con los datos de la transacción.

 **Saber más**

Tarjeta de crédito: Las tarjetas de crédito son tarjetas de plástico compuestas por una banda magnética o un microchip y que constituyen una forma de financiación que permite a los titulares de las tarjetas pagar por productos o servicios sin necesidad de disponer de dinero en efecto o cheques.

Tarjeta de débito: Las tarjetas de débito son un medio financiero facilitado por un Banco o Caja de Ahorros que permite al cliente acceder exclusivamente a la cantidad de dinero que dispone en su cuenta corriente asociada a la tarjeta. El pago en una tarjeta de débito conlleva de manera directa un cargo en dicha cuenta de la que es titular.

- **PayPal:** es un sistema de pago online que permite realizar pagos por internet. La cuenta de PayPal se asocia a la cuenta bancaria y el dinero es extraído directamente de ahí.

Otra opción es utilizar su monedero y acumular dinero ahí para poder utilizarlo posteriormente.

Vocabulario

Online: en línea, literalmente. Significa que se necesita conexión para internet.
Offline: traducido como fuera de línea. Viene a referirse que no tiene conexión a internet.

Resumen

Una vez vista la unidad se conocer los pormenores de la cuenta de clientes y el manejo de efectivo en caja. Se ha prestado especial atención al hecho de controlar el dinero en caja, así como, los diferentes tipos de activo y pasivo que el alumno se encontrará en su negocio.

También se ha elaborado un protocolo para el control interno de la empresa que resultará útil de poner en práctica.

Glosario

Activo

Conjunto de bienes y derechos que son propios de una empresa o autónomo que pueden ser susceptibles de transformarse en dinero cuando así se le requiera.

Activo circulante

Bienes y derechos que pueden ser convertidos en dinero.

Activo fijo

Bienes y derechos que no se ponen en venta, ya que contribuyen al funcionamiento normal de la misma.

Contabilidad

Es la rama de la economía que permite conocer la situación económica de la compañía, ofreciendo detalles de las transacciones que se llevan a cabo.

Crédito o contrato de crédito

Es una operación financiera en la que una persona (el acreedor) realiza un préstamo por una cantidad determinada de dinero a otra persona (el deudor) y en la que este último, se compromete a devolver la cantidad solicitada (además del pago de los intereses devengados, seguros y costos asociados si los hubiere) en el tiempo o plazo definido de acuerdo a las condiciones establecidas para dicho préstamo.

Pasivo

Se trata del valor monetario que suman todas las deudas que una empresa o autónomo tiene con terceros.

Pasivo exigible

Deudas de la empresa con bancos, cajas, proveedores, suministradores, empleados, Administración, etc.

Pasivo no exigible

Fondos de la empresa, como el capital total y el dinero de reserva.

Plan General de Contabilidad

Herramienta legal que permite una gestión más eficiente y ordenada de las economías de las empresas en el país.

Ejercicios de autoevaluación

1. ¿Cómo se llama la herramienta legal que permite una gestión más eficiente y ordenada de las economías de las empresas en el país?

a) No existe ninguna herramienta legal con esa capacidad.

b) Plan General de Contingencia.

c) Plan General de Cuentas.

d) Plan General de Contabilidad.

2. ¿Cuál es su principal objetivo?

a) Dotar la contabilidad española a las normas internacionales de información financiera que fueron asumidas en la Unión Europea.

b) Dotar la contabilidad europea a las normas internacionales de información financiera que fueron asumidas en la Unión Europea.

c) Dotar la contabilidad europea a las normas nacionales de información financiera que fueron asumidas en la Unión Europea.

d) Dotar la contabilidad europea a las normas internacionales de información financiera que fueron asumidas en Estados Unidos.

3. Según el subgrupo 4 del PGC, ¿cómo se define clientes?

a) En esta cuenta se anotan los créditos de clientes que se ceden en operaciones de "factoring".

b) Se encuadran aquí los créditos con clientes, formalizados en efectos de giro aceptados.

c) Se incluyen aquí los créditos de clientes compradores de bienes, y los consumidores de los servicios que la empresa pudiese prestar, contando con que se trate de una las actividades principales dentro de la compañía.

d) Se registran aquí aquellos créditos con las empresas que pertenecen al grupo empresarial, pero que igualmente actúan como clientes.

4. Según el subgrupo 4 del PGC, ¿cómo se define clientes, efectos comerciales a cobrar?

   a) En esta cuenta se anotan los créditos de clientes que se ceden en operaciones de "factoring".
   b) Se encuadran aquí los créditos con clientes, formalizados en efectos de giro aceptados.
   c) Se incluyen aquí los créditos de clientes compradores de bienes, y los consumidores de los servicios que la empresa pudiese prestar, contando con que se trate de una las actividades principales dentro de la compañía.
   d) Se registran aquí aquellos créditos con las empresas que pertenecen al grupo empresarial, pero que igualmente actúan como clientes.

5. Según el subgrupo 4 del PGC, ¿cómo se define clientes, operaciones de "factoring"?

   a) En esta cuenta se anotan los créditos de clientes que se ceden en operaciones de "factoring".
   b) Se encuadran aquí los créditos con clientes, formalizados en efectos de giro aceptados.
   c) Se incluyen aquí los créditos de clientes compradores de bienes, y los consumidores de los servicios que la empresa pudiese prestar, contando con que se trate de una las actividades principales dentro de la compañía.
   d) Se registran aquí aquellos créditos con las empresas que pertenecen al grupo empresarial, pero que igualmente actúan como clientes.

6. Según el subgrupo 4 del PGC, ¿cómo se define clientes, empresas del grupo?

a) En esta cuenta se anotan los créditos de clientes que se ceden en operaciones de "factoring".

b) Se encuadran aquí los créditos con clientes, formalizados en efectos de giro aceptados.

c) Se incluyen aquí los créditos de clientes compradores de bienes, y los consumidores de los servicios que la empresa pudiese prestar, contando con que se trate de una las actividades principales dentro de la compañía.

d) Se registran aquí aquellos créditos con las empresas que pertenecen al grupo empresarial, pero que igualmente actúan como clientes.

7. Según el subgrupo 4 del PGC, ¿cómo se define clientes, otras partes vinculadas?

a) En esta cuenta se anotan los créditos de clientes que se ceden en operaciones de "factoring".

b) Se recogen créditos con personas o instituciones que poseen algún tipo de vínculo con clientes.

c) En esta se escriben los créditos de las empresas multi grupo y aquellas asociadas como clientes.

d) Se registran aquí aquellos créditos con las empresas que pertenecen al grupo empresarial, pero que igualmente actúan como clientes.

8. Como norma general, ¿qué beneficio busca la empresa?

a) Las empresas siempre van a buscar un beneficio social, que repercuta en su medio.

b) Siempre van a buscar un beneficio económico en primer lugar, y luego otros beneficios.

c) A y B son ciertas.

d) Siempre van a buscar un beneficio ecológico para que el medio que les rodea no se contamine.

9. ¿Qué permite conocer la contabilidad?

a) No sirve para conocer gran cosa en hostelería, pues la cantidad a facturar no es tan grande.

b) Permite gestionar mejor el almacén donde se guardarán las bebidas y comidas.

c) Permite conocer gente para contratarlos en la empresa.

d) Permite conocer la situación económica de la empresa.

10. ¿Para qué se usa la cuenta de clientes?

a) Recoge los derechos de venta obtenidos de vender un producto o servicio que se han prestado, pero no han sido abonados, debido a que se realiza el pago al momento.

b) Recoge los derechos de venta obtenidos de vender un producto o servicio que se han prestado, pero no han sido abonados, debido a que no se realiza el pago al momento.

c) Recoge los derechos de cobro obtenidos de vender un producto o servicio que se han prestado, pero no han sido abonados, debido a que no se realiza el pago al momento Permite conocer la situación económica de la empresa.

d) Recoge los derechos de venta obtenidos de vender un producto o servicio que se han prestado, pero no han sido abonados, debido a que no se realiza el pago al día siguiente.

U. A. 3. Aplicación del análisis contable en restauración

Introducción

Ya se ha visto y comprobado que se debe llevar una buena gestión contable para maximizar la eficiencia del negocio, ya que la contabilidad, aporta información valiosa en base a la anotación de los ingresos y gastos, a la hora de tomar decisiones, eliminar el margen de error y saber sacar el mayor partido a los recursos.

Si bien, la contabilidad se presta de esa forma a ser una herramienta, su análisis va más allá de una simple visión a los ingresos y gastos, suponiendo un análisis profundo de la situación.

Para contener toda la información contable y facilitar el trabajo al empresario, se crearon los informes contables, que simplifican y agregan toda la información contable. Entre los informes existentes, se encuentran:

- Cuenta de resultados: es un resumen del ingreso y gasto de la empresa en un determinado momento.
- Balance de situación: enseña lo que la empresa tiene en su haber y en su deber.
- Balance de sumas y saldos: determina si tu contabilidad ha cuadrado, si has realizado pagos, si has anotado asientos contables, etc.
- Estado de cambios en el patrimonio neto: muestra la forma en la que cambia el capital de la empresa en función de la cuenta de resultados.
- Estado de flujos de efectivo: forma de mostrar cómo se usa y cambia el efectivo en la compañía en función de la actividad.

Una vez se tiene toda esta información, es necesario interpretar qué nos están diciendo, y para ello, es interesante el agruparlos en tres grupos para su mejor comprensión:

- Análisis patrimonial: determina el punto de endeudamiento del negocio, es decir, qué garantías ofrece tu empresa a terceros.
- Análisis económico: muestra una relación entre ingresos y gastos, y además, ofrece una visión del proceso de la actividad derivada del ingreso y gasto en la empresa con la actividad diaria que se lleva a cabo.
- Análisis financiero: es el más dificultoso, ya que en su puesta en marcha, toman parte más informes: balance de situación, cuenta de resultados, estado de flujos, etc. Busca saber hasta qué punto es rentable una inversión y qué coste tiene.

Objetivos

En esta unidad, el alumno aprenderá diversos conceptos relacionados con el mundo de la contabilidad:

- Analizar y determinar la contabilidad en un restaurante,
- Conocer y estudiar el análisis patrimonial, financiero y económico,
- Saber cuáles son los costes y su relación con las materias primas,
- Aprender métodos de control de consumo,
- Determinar el punto muerto y el umbral de rentabilidad.

1. Análisis del balance y determinación de su equilibrio a largo plazo

Una herramienta muy utilizada en contabilidad para el análisis del balance es los ratios, es decir, cocientes entre unos valores y otros.

Ahora bien, hay que tener precaución con el uso de ratios, pues presentan una serie de desventajas, como son:

- Los ratios se refieren a un momento determinado, con lo que pueden no reflejar la realidad general de la empresa.
- Cierto tipo de información no aparece en los balances contables.
- Necesitan de información cualitativa para ser completos.
- Se deben adecuar a las características de cada estudio.

Recuerda

Ratios: cociente entre unos valores y otros.

Es también con ellos como se determina la **solvencia** de una empresa. Con el análisis no solo se conoce la situación contable de la empresa, sino que, se sabe si se disponen de los recursos financieros que hacen falta para cubrir ciertas inversiones que requieren mucho tiempo. Además de determinar las deudas a corto plazo con los activos y conocer la estructura de capital de la empresa.

Vocabulario

Solvencia: capacidad de una persona física o jurídica de responder ante sus deudas.

Otro aspecto a tener en cuenta a la hora de la contabilidad, es determinar el punto de equilibrio, tratándose este, de un componente importante dentro de cualquier negocio, ya que, permite determinar cuáles son las ventas necesarias para cubrir gastos, o dicho de otra forma, cantidad de ingreso monetario que comprende gastos fijos y variables. Es un factor clave a la hora de decretar la rentabilidad y el crédito de una empresa.

Recibe este nombre porque es a partir de él, o más bien del umbral de rentabilidad, es donde cada producto que se venda va a contribuir directamente a ingresas dinero.

Balance económico en restauración

Si se determina el punto de equilibrio se conocerán las unidades que hay que vender para obtener beneficio. Presenta una serie de ventajas, como son:

- Ayuda a tomar decisiones que beneficiarán a la empresa.
- Calcula la cantidad de producto a vender y qué margen habrá de ganancia.
- Puede ayudar a enmendar la situación de costes totales.
- Da notas para realizar modificaciones en el precio de venta de los productos.
- Asiste en el control de costes, tanto fijos como variables.

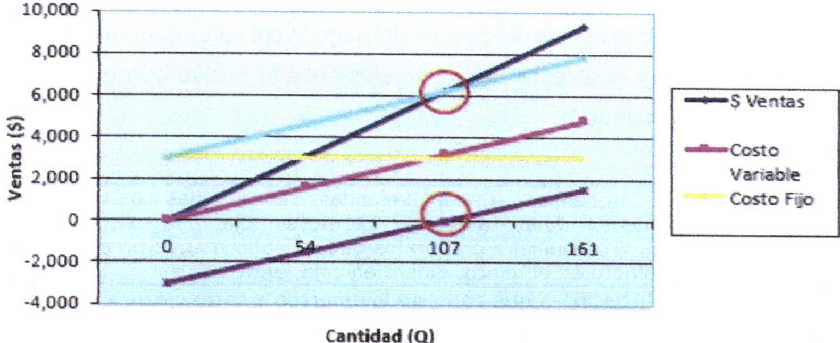

Representación del punto de equilibrio

Además de todo lo expuesto, el punto de equilibrio permite saber:

- A partir de qué cantidad de producto se comienza a ganar dinero.
- Determinar si un proyecto es viable o no.
- Saber si es conveniente cambiar un costo variable por uno fijo.
- Conocer cuánto hay que vender para tener beneficio.
- Saber la rentabilidad de las ventas.

Otro concepto interesante en la gestión contable, es el **fondo de maniobra**. Se trata de todos los recursos económicos de la empresa a largo plazo, necesarios para poder realizar la actividad a corto plazo.

En resumidas cuentas, da una idea de la competencia de una empresa para desarrollar su actividad.

 **Saber más**

Corto plazo: generalmente, menos de un año.
Largo plazo: generalmente, más de un año.

Es un valor imprescindible para controlar la empresa y tener una buena gestión financiera, ya que, tiene presente la cuenta de pago y cobro que se aproxima. Para su cálculo simplemente hay que restar el activo corriente al pasivo corriente y se obtiene una cifra, el fondo de maniobra.

Activo corriente	Existencias propensas a ser vendidas, consumidas o que pueden ser transformadas en dinero antes de 12 meses. Ejemplo, existencias materiales como edificios, maquinaria o aparatos que se utilicen en la producción de un bien o servicio; dinero en el banco, dinero en caja, entre otros.
Pasivo corriente	Deudas y obligaciones que contrajo la empresa a corto plazo, a menos de un año vista.

A partir de esa fórmula se pueden obtener tres resultados:

- **Fondo de maniobra = 0:** se puede tratar de una situación peligrosa para la empresa, ya que, hace ver que el activo corriente se financiado con préstamos a largo plazo, lo que quiere decir que la empresa quizás no pueda cumplir con pagos.
- **Fondo de maniobra con resultado positivo:** se da cuando el activo corriente supera al pasivo corriente. La empresa puede hacer frente a sus obligaciones en un determinado tiempo.
- **Fondo de maniobra con resultado negativo:** significa que la empresa no puede hacer frente a pagos porque carece de recursos suficientes. En este caso se pueden tomar una serie de medidas como: intentar un aplazamiento de pagos a la Administración, anticipar cobros, negociar pagos debidos, tirar precio y ofrecer rebajas o descuentos por pronto pago.

Recuerda

Fondo de maniobra: se entiende como fondo de maniobra al capital permanente que financia a parte del activo corriente.

2. Introducción y estudio del análisis patrimonial, financiero y económico

En el análisis contable se pueden clasificar tres apartados: patrimonio, financiero y económico.

- **Análisis del patrimonio de la empresa:** su fin es el de conocer de qué se compone el activo y el pasivo, la relación entre ambos y el equilibrio financiero e inversor.
- **Análisis financiero de la empresa:** determina la solvencia y liquidez de la empresa, o dicho de otra forma, cómo puede responder a las obligaciones a corto y largo plazo.
- **Análisis económico:** estudio general de la situación económica en la empresa.

En primer lugar, el **análisis patrimonial** tiene en cuenta la composición estructural del patrimonio de la empresa. También, tiene presente la relación que existe entre el activo y el patrimonio neto y pasivo, y la situación de equilibrio entre patrimonio y finanza.

Se habla de un **equilibrio patrimonial** cuando hay una perfecta armonía entre la estructura económica y financiera de la compañía, y de desequilibrio económico cuando hay una desarmonización de la estructura financiera y económica en una empresa, una situación que no es muy deseable por las repercusiones tan negativas que tiene para la economía propia.

Recuerda

Equilibrio patrimonial: se da cuando hay perfecta sintonía entre la estructura económica y financiera en una empresa.

A diferencia del concepto común de patrimonio, en contabilidad, este hace referencia no solo a las riquezas que una empresa tiene (vivienda, terreno, maquinaria, etc.) sino también se incluyen los derechos y las deudas.

Así, el equilibrio patrimonial, se pueden dividir:

- **Bienes:** maquinas, instalaciones, productos, dinero, etc.
- **Derechos:** cobros pendientes de pago, préstamos que se hagan a otras empresas, etc.
- **Obligaciones:** deudas que se tienen con suministradores y proveedores.

Por último, todos los elementos que forman el patrimonio son susceptibles de ser convertidos en dinero, así, los bienes y derechos forman el activo patrimonial de la empresa y las obligaciones forman el pasivo.

Activo patrimonial	Bienes Derechos
Pasivo	Obligaciones

En segundo lugar, el análisis financiero en donde se evidencia el estado rentable y de crecimiento de la empresa, permitiendo realizar comparaciones. Estas pueden ser o con respecto a otras empresas o ser comparada consigo misma.

El objetivo de este análisis es tomar decisiones más acertadas, y se lleva a cabo a través de la corroboración de los datos del departamento de contabilidad de la compañía, junto con otros índices útiles al respecto.

Dentro de este subgrupo, se encuentran tres conceptos interesantes:

- **Rentabilidad:** se presta atención a las cuentas relacionadas con ingreso, gasto y resultado.
- **Liquidez:** se trata de la posibilidad empresarial de responder ante las necesidades de la misma y satisfacer las deudas a corto plazo.
- **Solvencia:** competencia de la empresa para pagar las deudas a largo plazo.
- **Estabilidad:** posibilidad de la empresa de mantener el negocio abierto a largo plazo.

Recuerda

Análisis: patrimonial, económico y financiero.

Para realizar el análisis, existen dos métodos, el vertical, que se encarga de los datos de un periodo, y el horizontal, que se encarga de datos de más de un periodo. Generalmente estos periodos comprender un año natural, aunque en raras ocasiones puede prolongar o acortar el tiempo de estudio.

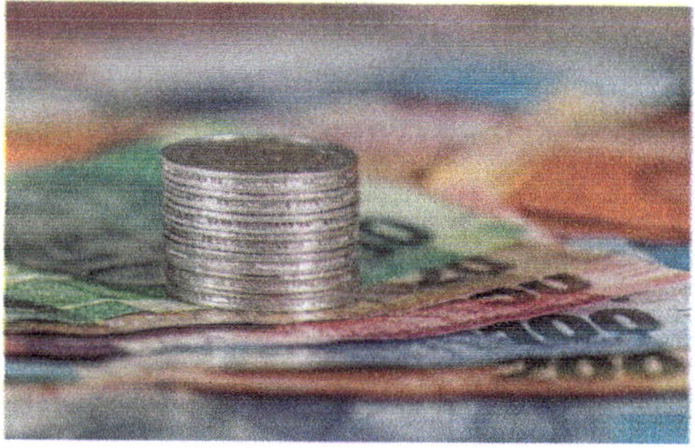

El análisis económico se encarga del dinero

En tercer lugar, se encuentra el análisis económico se encarga de prever los resultados que obtendrá una empresa, teniendo en cuenta la cuenta de pérdidas y ganancias, lo que le permitirá tener una visión general en cuanto a la rentabilidad, producción, crecimiento empresarial y expectativas de futuro.

Para realizar uno básico y poder conocer el sistema que lo conforma, se exponen una serie de pasos:

1. **Identificar y valorar qué se va a necesitar:** se necesita conocer cuánta inversión y cuánto gasto se va a requerir para la propuesta de negocio, las cuales pueden ser:
   - Inversión en tecnología, otras inversiones, identificar y valorar las posibles partidas del gasto.
   - Identificar y estimar los beneficios que se esperan a partir de la propuesta de negocio: es interesante el estimar cuánto se va a ganar por cada producto que se ofrece y qué parte de la inversión tendrás que aplicar en él. Este análisis permitirá saber si:

- o Se va a aumentar el número de productos vendidos, si hay que aumentar el precio, si va a aumentar el precio y las unidades que se venderán.
  - o Analizar el impacto económico que tendrá la empresa: para determinar este aspecto, es interesante utilizar dos herramientas, el punto muerto o punto de equilibrio y el ratio de rentabilidad económica.
2. **Punto muerto o punto de equilibrio:** se trata de aquel punto donde los gastos de la empresa se compensan con los ingresos, pero no se tiene beneficio extra.
3. **Ratio de rentabilidad económica:** se trata del beneficio antes de intereses e impuestos y el activo total. A mayor resultado, mayor rendimiento de las inversiones que se ha llevado a cabo.

3. Definición y clases de costes

Un costo es, básicamente, un gasto económico generado por el hecho de producir algún bien o algún servicio, desde comprar provisiones, hasta el pago de contratos, pasando por costes administrativos.

Para determinar este valor se pueden usar muchos métodos, si bien, lo más común es agruparlo en cuatro grupos, los cuales son:

4. **Coste industrial:** en este apartado se incluyen los costes que se generan con las actividades básicas.
5. **Coste financiero:** abarca aquellos gastos relacionados con las finanzas.
6. **Coste de explotación:** son los gastos inherentes a la realización de la actividad empresarial.
7. **Coste directo:** implica el gasto del uso de energía, mano de obra y utilizar las materias primas.

Por otra parte, además de los costos expuestos anteriormente, se pueden clasificar de otra forma atendiendo a otros criterios:

La única forma de afrontar costes, dinero

- **Coste fijo:** se trata de aquellos costes que no cambian a lo largo del tiempo. Su número no depende de lo que se venda o no, o de los beneficios que haya.
- **Coste variable:** está más relacionado con la cantidad producida; si aumenta la producción, aumentan los costes variables.
- **Coste semi variable:** existe una relación entre coste y producción, pero tiene menos fuerza que en coste variable.

Si se atiende a la relación entre producción y producto, los costes serían:

- **Costes indirectos:** afectan a la producción empresarial de forma general; ejemplo, un aumento del salario.
- **Costes directos:** afectan a un punto concreto de la producción; ejemplo, aumento del precio del pan.

Costes según el tipo	- Coste industrial. - Coste financiero. - Coste directo. - Coste de explotación.
Costes según el tiempo	- Coste variable. - Coste fijo. - Coste semivariable.
Coste de producción y producto	- Costes indirectos. - Costes directos.

La inversión y un coste, no es lo mismo. Aunque a primera vista pueda parecer que la inversión supone un coste, y en parte lo es, no deja de ser una forma de recuperar el dinero a corto, medio o largo plazo.

- **Coste:** salarios de trabajadores.
- **Inversión:** comprar una tostadora más rápida.

Según se estudie un coste puede denominarse de una forma u otra. Es cierto que un mismo bien puede estar presente de formas diversas en varios costes, con lo que puede aparecer repetido. Hay que prestar atención cuando ocurra una de esas situaciones en la empresa y no descuadre la economía.

4. Cálculo de costes de materias primas

Si se tiene en cuenta lo expuesto anteriormente, uno de los costes más complicados de tener atado es el coste variable. Generalmente hay un escaso control en la materia prima, lo que suele ocasionar pérdidas económicas en el presupuesto.

Es por ello que se debe prestar especial atención a la hora de trabajar con los productos.

En otras ocasiones, la acción de compra no se ejecuta de la forma más correcta y se acaba recepcionando materias primas de mala calidad que acaban en el contenedor.

Otro caso común es el de quedarse sin existencias y tener que recurrir a un proveedor que las suministre en el menor tiempo posible, pero todo eso tiene un coste elevado.

Importante

La **cantidad de merma** tiene que ser la menor posible, para evitar pérdidas de dinero. Hay que buscar métodos de evitar las mermas.

Para determinar de forma general el coste de las materias primas se pueden utilizar las siguientes herramientas:

- **Escandallos:** se trata de un documento donde se registra el coste real de cada plato con sus ingredientes. Se utiliza para determinar el precio de venta al público (PVP). Aunque la información que contiene suele variar, generalmente aparece la siguiente:
  - Nombre del plato.
  - Numeración en recetario.
  - Ingredientes.
  - PVP.
  - Unidades.
  - Peso bruto ingredientes.
  - Coste por ingrediente.
  - Coste total receta.
  - Coste unitario ración.

Recuerda

PVP: precio de venta al público.

Es interesante saber que los escandallos se deben calcular sobre más de 10 raciones, ya que, hay ciertos ingredientes que no se pueden escandallar en menos cantidad.

- **Inventario:** es un sistema de control documentado que permite saber con precisión cuánta materia prima hay en el almacén, sea del tipo que sea.

  Tiene doble función, porque también permite determinar el dinero inmovilizado, saber qué compras hay que llevar a cabo y hacer el cierre de materia prima.

Es importante conocer cuánta cantidad de comida hay que servir

- **Resumen de ventas:** si se ha llevado un buen registro de ventas y todo ha sido informatizado, a final de mes se puede echar un ojo al resumen de ventas. Así se conocerá con precisión los artículos vendidos, y qué beneficio se ha sacado de cada uno.

  Es una forma de conocer los platos más populares o los que se consumen en un determinado momento.

  En otro orden de cosas, permite saber cuáles son los platos menos demandados y actuar sobre ellos.

- **Contabilizar las ventas según el coste fijado:** al saber el valor de venta cada plato y cuánto ha costado elaborarlo, se puede calcular el valor total del mismo.

- **Cierre general:** sabiendo las unidades que se han vendido y el coste total de materias primas, los inventarios primeros y últimos, las compras, se puede conocer el gasto total con mayor exactitud.

Si el gasto de materia prima es igual al coste total de materias primas de los productos que se encuentran en el establecimiento, se cuadran los procesos anteriormente descritos. En caso contrario, no se cuadran las cuentas y hay que andar revisando qué ha podido ocurrir.

Cuando el gasto sea mayor, habrá que realizar un análisis de la situación, por ejemplo, de la cantidad de comida que se sirve o las invitaciones.

5. Aplicación de métodos de control de consumo

La gestión eficiente de las materias primas es uno de los puntos más importantes dentro del correcto funcionamiento de cualquier restaurante.

Entendiendo materia prima por todos los productos y materias que se van a utilizar en el negocio.

Si reina el descontrol dentro de su consumo, o una mala administración en cuanto a su registro, se corre el peligro de sufrir problemas a corto plazo.

Hasta ahora, era bastante común esta situación en la hostelería del país, pero la tendencia es hacia un mayor registro de todos los movimientos porque repercute directamente en la parcela económica.

Creando un sistema de control e implementando herramientas en la compra, pueden ser dos herramientas en las que se apoye el método de control de consumo.

A. Fichero de platos

Se trata del registro documentado de la materia prima que se consume en el establecimiento y en qué se está empleando. Se compone de dos documentos, el escandallo que ya se ha visto y por otro lado la ficha técnica.

No son realmente obligatorios, pero sin son muy recomendables a la hora de enseñar a un trabajador que entra nuevo en el negocio o para probar nuevas recetas con las que sorprender a los comensales en el negocio.

Anotación

Ficha técnica de plato: se recogen datos sobre la receta, alérgenos, posibles sustancias que causan intolerancias, etc.

B. Gestión efectiva de inventarios

Saber qué cantidad de existencias valoradas de producto en el local es importante para saber cuánto se está consumiendo, y así, establecer pedidos y producción.

Cuando se tiene un control sobre este, se sabe con certeza qué está ocurriendo con respecto a la entrada y salida de producto.

C. Control de la entrada de producto

Uno de los pasos clave en la buena gestión de las materias primas, es el control del primer paso, es decir la recepción de los productos.

Es de capital importancia cerciorarse de que lo que se recibe, es lo que se ha pedido; comprobar que no se encuentra en mal estado o estropeado; que no viene menos cantidad. Además, es conveniente anotar las mermas.

D. Hoja de mermas

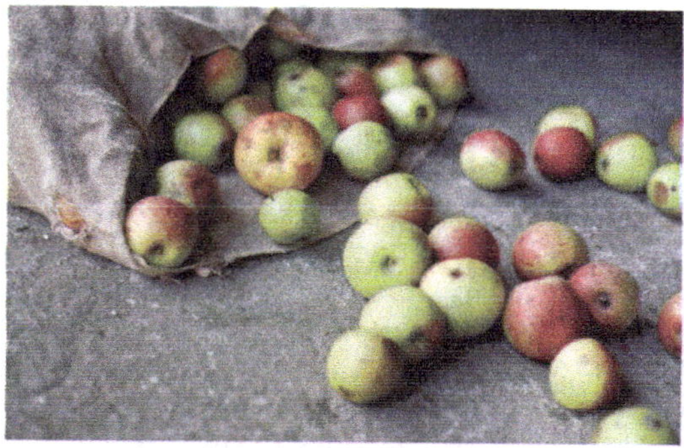

Típico caso de merma, manzanas que vienen poco presentables

Implementar un control de mermas en un local debe ser algo básico para realizar cualquier actividad.

Debe estar actualizado y disponer de datos rápidamente para cualquier persona que los busque. Lo que se pretende es reducir y controlar el consumo de materia prima, además de, determinar un valor razonable de mermas.

E. Control de invitaciones y consumos propios

Se debe registrar todos los productos que son consumidos. Es de recordar que, a veces, se pueden consumir alimentos sin ser pagados como ocurre cuando se invita a alguien o cuando se ofrecen 2x1.

A pesar de no recibir dinero a cambio, estos consumos deben anotarse para tener un control sobre los mismos y no caer en el descontrol.

 **Saber más**

Mermas: es una pérdida de un determinado número de mercancías o de la actualización de un stock, lo cual va a provocar una fluctuación, o lo que es lo mismo, la diferencia entre el contenido de los libros de inventario y la cantidad real de productos o mercancía dentro de un establecimiento, negocio o empresa, lo cual conlleva a una pérdida económica.

Ingrediente	Peso bruto	Peso neto	Merma		Pr. unitario (€/kg)	Pr. total
Lubina	1400,0g	1150,0g	250,0g	17,9%	13,70 €	19,18 €
Patatas	400,0g	320,0g	80,0g	20,0%	0,60 €	0,24 €
Cebolla	100,0g	85,0g	15,0g	15,0%	1,80 €	0,18 €
Pimiento verde	200,0g	160,0g	40,0g	20,0%	2,00 €	0,40 €
Pimiento rojo	200,0g	160,0g	40,0g	20,0%	1,80 €	0,36 €
Vino blanco	100,0g	100,0g	0,0g	0,0%	2,00 €	0,20 €
Ajo	10,0g	8,0g	2,0g	20,0%	4,50 €	0,05 €
Aceite	20,0g	20,0g	0,0g	0,0%	3,60 €	0,07 €
Sal	5,0g	5,0g	0,0g	0,0%	0,20 €	0,00 €
Pimienta	0,5g	0,5g	0,0g	0,0%	14,00 €	0,01 €
					Coste receta	20,69 €

Ejemplo de cuadro de mermas

6. Cálculo y estudio del punto muerto

Unas páginas atrás, se han visto de manera sucinta el concepto de punto muerto, y va a ser dispuesto a su desarrollo en este punto.

Como ya se dijo, es uno de los datos más relevantes de cara a elaborar la política que se va a seguir con respecto al precio.

Así, nos da información de cuántas unidades hay que vender para que con los ingresos que se dan de la venta, se puedan cubrir los gastos que se han tenido que llevar a cabo para poder producir el bien.

Con ello, el punto muerto es el momento en el que los ingresos y los gastos generados de la actividad de igualan, ni se gana ni se pierde. Por encima de dicho punto se empezarán a obtener beneficios y por debajo se comienza a tener pérdidas.

Ventajas del punto muerto	Desventajas del punto muerto
Aporta información sobre las posibles variaciones.	La producción y las ventas suelen estar alejadas en el tiempo y espacio.
Su uso es muy simple.	La cantidad de bien vendido es dependiente del precio de venta al público.
Ofrece una visión específica de lo que podría ocurrir si se aumentan costes.	Los costes variables son más propensos al cambio.
Se usa como medidor del cambio en ingresos en función de los precios y costes.	Costes fijos y variables son dependientes del tiempo.
	Extrapolar datos entre fechas, puede no ser lo más oportuno.

Para calcular el punto muerto, se utiliza una fórmula genérica, en la cual se sustituyen las letras representadas por sus respectivos valores numéricos. Así, la fórmula queda:

$$Q = CF / (PVu - Cvu)$$

En donde:

- Q: es la cantidad a vender, se debe conocer y determinar.
- CF: costos fijos de la empresa.
- CVu: costes variables por unidad de producto.
- PVu: precio de venta unitario.

Recuerda

Punto muerto: momento en el que los ingresos y los gastos generados de la actividad de igualan, ni se gana ni se pierde.

Cálculo

Para calcular el punto muerto, se utiliza una fórmula genérica, en la cual se sustituyen las letras representadas por sus respectivos valores numéricos.

$$Q = CF / (PVu - Cvu$$

7. Umbral de rentabilidad

Aunque gráficamente se puedan encontrar en el mismo lugar del plano, el umbral de rentabilidad y el punto muerto difieren en un sencillo aspecto: el umbral de rentabilidad es el punto en donde se empiezan a tener beneficios limpios, es decir, ganancias que se tienen tras superar gastos.

Su cálculo se simplifica mucho en casos de prestar un servicio, se suman todos los gastos y en el momento en que los ingresos sobrepasen esa cifra, ya hay beneficio.

No obstante, cuando la naturaleza del trabajo es vender bienes manufacturados o producidos en el establecimiento, la cosa cambia porque hay que tener presente dos tipos de gastos, fijos y variables.

Recuerda

- **Gastos fijos:** aquellos gastos que no varían en el tiempo.
- **Gastos variables:** aquellos gastos que varían en el tiempo.

Para calcular el umbral de rentabilidad del negocio se necesitan solamente dos datos:

- **Importe de gastos fijos:** luz, agua, alquiler, sueldos, etc. Son poco susceptibles de variar a lo largo del tiempo o de tener grandes variaciones.
- **Margen sobre ventas:** es el % de beneficio bruto sobre el pvp.

De entre los beneficios del umbral de rentabilidad, cabe destacar los siguientes:

- **Mejora la forma de decidir:** hay que ser prudente cuando se inicia un negocio y no caer en brazos de las emociones. Una forma de poner los pies en la tierra es a través de la realización de un umbral de rentabilidad.
  Así se conocerá hasta qué punto hay que vender para poder ingresar dinero.
- **Determinar objetivos:** si se conocer la cantidad a vender para ser rentable, es mucho más fácil apuntar a unos objetivos u otros.

- **Establecimiento de precio:** tener un punto de equilibrio entre gasto e ingreso es determinante para fijar un precio de venta razonable para ambas partes, productor y consumidor dentro de un mercado.
Una forma de establecer uno es observar qué está haciendo la competencia y basarnos en eso.

- **Tener presente los gastos:** es una forma de saber cuánto se está gastando en producir un bien, lo que aporta información esencial para conocer la salud económica que está teniendo la empresa en un determinado momento.

- **Acotar el peligro:** es una forma rápida de estudiar la viabilidad de cualquier idea que surja en torno al negocio que se tiene entre manos. Puede ayudar a determinar si una idea es rentable o no.

- **Puede ser requerido:** si se van a solicitar ayudas a la Administración, es probable que pidan un informe financiero donde se tenga que incluir.

Resumen

Ya terminada la unidad, los alumnos estarán capacitados para realizar un pequeño análisis contable previo a la apertura de su establecimiento. Se ha determinado la forma de realizar un balance contable de su situación a corto y largo plazo.

Se han dado las nociones básicas de análisis patrimonial, financiero y económico que podrán ser ampliadas posteriormente. Además de, definir los costes más usuales y su aplicación en materias primas.

Como herramienta de apoyo se ha aprendido a utilizar métodos de control de consumo para evitar pérdidas en la empresa. Y también se ha visto qué es el punto muerto y el umbral de rentabilidad para empezar a tener beneficios en el negocio.

Glosario

Activo

Un activo es un bien que la empresa posee y que puede convertirse en dinero u otros medios líquidos equivalentes.

Análisis

Examen detallado de una cosa para conocer sus características o cualidades, o su estado, y extraer conclusiones, que se realiza separando o considerando por separado las partes que la constituyen.

Contabilidad

Parte de la economía que estudia estos sistemas o las distintas partidas que reflejan los movimientos financieros de una empresa o entidad.

Derechos

Se trata de cobros pendientes, préstamos que se hagan a otras empresas, etc.

Método horizontal

Se encarga de los datos de más de un periodo.

Método vertical

Se encarga de los datos de un periodo.

Obligaciones

Deudas que se tienen con suministradores y proveedores.

Pasivo

Obligaciones de la empresa con respecto a otras entidades.

Ratio

Cociente entre unos valores y otros.

Rentabilidad

Relación existente entre los beneficios que proporcionan una determinada operación o cosa y la inversión o el esfuerzo que se ha hecho; cuando se trata del rendimiento financiero; se suele expresar en porcentajes.

Ejercicios de autoevaluación

1. La gestión contable aporta:

a) Información valiosa en base a la anotación de los ingresos y gastos, a la hora de tomar decisiones, eliminar el margen de error y saber sacar el mayor partido a los recursos.

b) Información valiosa en base a la anotación de la cuenta de resultados.

c) Información valiosa para no eliminar el margen de error.

d) Información valiosa en base a la anotación del estado de cambios en el patrimonio neto y estado de flujos de efectivo.

2. ¿Cuántos informes contables existen?

a) No existen este tipo de documentos.

b) Cuenta de resultados, balance de situación, balance de sumas y saldos, estado de cambios en el patrimonio neto y estado de flujos de efectivo.

c) Cuenta de resultados, balance de sumas y saldos, estado de cambios en el patrimonio neto y estado de flujos de efectivo.

d) Cuenta de resultados, balance de situación, balance de sumas y saldos, estado de flujos de efectivo.

3. ¿Cómo se define cuenta de resultados?

a) Enseña lo que la empresa tiene en su haber y en su deber.

b) Determina si tu contabilidad ha cuadrado, si has realizado pagos, si has anotado asientos contables, etc.

c) Muestra la forma en la que cambia el capital de la empresa en función de la cuenta de resultados.

d) Es un resumen del ingreso y gasto de la empresa en un determinado momento.

4. ¿Cómo se define balance de situación?

a) Enseña lo que la empresa tiene en su haber y en su deber.

b) Determina si tu contabilidad ha cuadrado, si has realizado pagos, si has anotado asientos contables, etc.

c) Muestra la forma en la que cambia el capital de la empresa en función de la cuenta de resultados.

d) Es un resumen del ingreso y gasto de la empresa en un determinado momento.

5. ¿Cómo se define balance de sumas y saldos?

a) Enseña lo que la empresa tiene en su haber y en su deber.

b) Determina si tu contabilidad ha cuadrado, si has realizado pagos, si has anotado asientos contables, etc.

c) Muestra la forma en la que cambia el capital de la empresa en función de la cuenta de resultados.

d) Es un resumen del ingreso y gasto de la empresa en un determinado momento.

6. ¿Cómo se define estados de cambios de patrimonio neto?

a) Enseña lo que la empresa tiene en su haber y en su deber.

b) Determina si tu contabilidad ha cuadrado, si has realizado pagos, si has anotado asientos contables, etc.

c) Muestra la forma en la que cambia el capital de la empresa en función de la cuenta de resultados.

d) Es un resumen del ingreso y gasto de la empresa en un determinado momento.

7. ¿Qué desventajas tienen los ratios?

a) Se refieren a un momento dado, no toda la información aparece en los balances contables, necesitan información cuantitativa y deben ser adecuados al estudio.

b) Se refieren a un momento cualquiera, no toda la información aparece en los balances contables, necesitan información cualitativa y deben ser adecuados al estudio.

c) Se refieren a un momento dado, no toda la información aparece en los balances contables, necesitan información cualitativa y deben ser adecuados al estudio.

d) Se refieren a un momento dado, necesitan información cualitativa y deben ser adecuados al estudio.

8. ¿Qué es el fondo de maniobra?

a) Son todos los recursos económicos de la empresa a largo plazo, necesarios para poder realizar la actividad a corto plazo.

b) Son todos los recursos tecnológicos de la empresa a largo plazo, necesarios para poder realizar la actividad a corto plazo.

c) Son todos los recursos financieros de la empresa a largo plazo, necesarios para poder realizar la actividad a corto plazo.

d) A y C son correctas.

9. Si el fondo de maniobra es negativo:

a) Es una situación buena para la empresa.

b) Es una situación normal para la empresa.

c) Es una situación mala para la empresa.

d) Es imposible que un fondo de maniobra sea negativo.

10. Si el fondo de maniobra es positivo:

a) Es una situación buena para la empresa.

b) Es una situación normal para la empresa.

c) Es una situación mala para la empresa.

d) Es imposible que un fondo de maniobra sea negativo.

U. A. 4. Programas informáticos en restauración

Introducción

Un programa informático o *software* al soporte lógico de un sistema informático, que contiene el conjunto de los componentes lógicos necesarios que posibilitan la realización de tareas específicas; por otra parte, se encuentran los componentes físicos que son denominados *hardware*.

El trabajo conjunto entre el *software* y el *hardware* hacen posible que un ordenador trabaje. En función de la actividad o trabajo a realizar, la complejidad de uno u otro será mayor o menor.

Sus aplicaciones se han infiltrado en todos los rincones de los quehaceres humanos, tanto es así, que su ocio, cultura, deporte, medicina, estética, alimentación, entre otras ya tiene asentado la presencia de uno u otro.

En un establecimiento hostelero, es muy importante gestionar de la mejor forma posible toda su actividad, y una herramienta que se tiene a mano es un software de restauración.

Una de estas puede ser un TPV o terminal en punto de venta, se trata de un dispositivo que asiste en las relaciones con la venta: cobros o pagos, impresión de tickets, inventario, redacción de informes, etc. Curiosamente, este tipo de máquinas está compuesto por software y hardware.

TPV y datáfono no son lo mismo. El datáfono se utiliza para realizar transacciones monetarias, mientras que el tpv ofrece otros servicios adicionales.

Se debe tener presente que las **tecnologías están en constante avance** y que, cada vez más, aparecen nuevas actualizaciones o programas que mejoran al anterior y que pueden facilitar las labores diarias.

Así, se muestran una serie de ventajas que puede tener su adquisición:

- **Acaba con el destiempo.** Simplifica todas las actividades relacionadas con las cuentas económicas, de manera que se automatizan y se evitan errores. Permite tomar nota en el momento y una comunicación directa con los departamentos implicados en el trabajo.
- **Ahorro de dinero y tiempo.** El hecho de informatizar el trabajo trae consigo la falta de necesidad de repetir tareas rutinarias. Automatizar la mayor parte de los trabajos, provoca una ganancia de tiempo, dinero y recurso que pueden ser derivados a otras áreas del establecimiento que puedan repercutir positivamente en el negocio.
- **Control de stock.** Otra aplicación positiva de un software es el hecho de permitir un mayor y preciso control sobre el stock que se tiene en el negocio. Anotando entradas y salidas de los productos se pueden tener en vivo una situación de las existencias del restaurante o bar. Para este caso, es buena idea tener un ordenador central o nube donde volcar toda la información y tenerla disponible para cualquier trabajador que la requiera.
- **Mejora el trabajo de los camareros.** El tpv puede ser usado por los trabajadores para comentar reseñas sobre la carta, menú del día, plato del día, tipos de alérgenos o sustancias intolerantes en el plato, precios, tamaños, fotos, porciones, entre otras. Además, posibilita la comunicación directa entre cocina y sala, lo que agiliza el trabajo por ambas partes.

- **Mejora el tiempo de espera.** Al existir un canal directo de comunicación entre sala y cocina se ahorra mucho tiempo de llevar la comanda y cantarla para que el personal pertinente se entere. Todo es mucho más fluido.

- **Permite analizar datos.** Abarca toda la información que hay en el local, tanto la actual como la que había previamente. La recogida de datos y su posterior análisis pueden ser una herramienta muy útil en cuanto a la gestión del local. Se pueden ver, por ejemplo, qué plato es más popular o a qué horas hay más demanda.

- **Administración a distancia.** Si la información es volcada en la nube constantemente, se puede realizar la tele-gestión del local, ya que, todo lo que ocurre está siendo controlado desde la distancia por el gerente o dueño, el cual, podrá tomar cartas en el asunto cuando lo considere oportuno.

- **Mejora la gestión de locales.** Si se poseen varios locales, la conectividad entre todos puede suponer una forma de recabar información para poder gestionarlos todos de la mejor manera posible. Permite conocer qué hace falta en cada sitio y si se pueden transferir productos de un lugar a otro. También se pueden recoger datos que sean utilizados posteriormente para su análisis con respecto a la mejora de los locales que se posean.

- **Mejora la imagen del establecimiento.** El poseer este tipo de tecnología mejora la percepción que se tiene del local, pues da una imagen actualizada del negocio. Llegado cierto punto se puede crear un software para interactuar con los clientes, de tal forma que se les ofrezca ofertas o descuentos. Se pueden obtener este tipo de programas adquiriéndolos a través de internet o, bien, se puede buscar a un programador que se encargue de realizar un sistema adaptado a las necesidades del negocio. La segunda opción es mucho más cara que la primera, pero ofrece una serie de ventajas competitivas.

Vocabulario

Nube: conocida también como servicios en la nube, informática en la nube, nube de cómputo, nube de conceptos o simplemente «la nube», es un paradigma que permite ofrecer servicios de computación a través de una red, que usualmente es Internet.

Sin embargo, hay que ser consciente de que no es oro todo lo que reluce, y la adquisición de este tipo de programas informáticos puede tener sus desventajas, como son:

- **Problemas con los terminales.** Como puede pasar con cualquier otro sistema informático, hay veces que un fallo en la señal eléctrica o un error electrónico comprometan el buen funcionamiento del negocio.

  En caso de apagón, la posibilidad de trabajar con un tpv es casi nula, a no ser que tenga baterías independientes y una autonomía considerable; esta característica debe ser estudiada previa a su compra.

- **Precio.** Generalmente, los tpv son aparatos eléctricos bastante caros, y su compra supone un gran desembolso. Lo ideal es comprar en un sitio que ofrezca buenas garantías tanto de compra como de soporte técnico.

- **Idioma.** Algunos softwares de gestión de restauración están en inglés y no en castellano. Si el personal no comprende nociones básicas de este idioma, puede suponer una pérdida de tiempo su adquisición.

  Otra opción es adiestrar a los camareros en su uso para que no se vean sorprendidos ante las actividades llevadas a cabo con esta máquina. Hay que tener presente que solo tendrían que aprender un vocabulario básico de restauración, con lo que, esta posibilidad es muy factible de llevar a cabo en el establecimiento.

- **Beneficios a largo plazo.** Quizás de primera hora no aparezcan los beneficios que implica este tipo de tecnología, y haya que esperar un tiempo a que genere sus frutos. Si no se es paciente, puede que no se llegue a disfrutar de las posibilidades que ofrece.

- **Destreza del trabajador.** Este tipo de tecnología requiere unos conocimientos mínimos y una destreza mínima con las nuevas tecnologías. Si la persona que lo gestiona no tiene esos conocimientos, puede ser un engorro su uso. Habría que recurrir a su adiestramiento para el uso eficiente del terminal.

Aunque este capítulo está centrado en el uso del tpv en un establecimiento hostelero tipo restaurante, su uso se amplía a todos los posibles negocios hosteleros que existen actualmente: reparto a domicilio, take away, pedir en casa y recoger en local, diferente temática de restaurante, etc.

Objetivos

- Aprender nociones básicas sobre software y hardware.
- Comprender las funciones de los sistemas informáticos.
- Reconocer las diferentes aplicaciones utilizadas en restauración.

1. Manejo de los principales programas de gestión y control de restauración

Aunque se ha hablado de forma genérica de software, conviene puntualizar que se pueden distinguir tres tipos de este en función de su capacidad:

- Sistema operativo.
- Aplicación concreta.
- Otros.

En lo que respecta al tema, se va a centrar en las aplicaciones concretas que van a servir de asistente para los trabajos específicos, ya que están sistematizadas para ayudar en ello.

Hay que recordar que este tipo de programas ayudan a realizar el trabajo, pero crean una situación ilusoria del mundo, pues la función que recogen, ya se ponía en práctica sin su ayuda. Aún así, son una gran herramienta en hostelería.

Dentro de las aplicaciones concretas, se pueden diferenciar dos partes en las que nos centraremos:

- **Aplicación ofimática:** se trata de hojas de cálculo y bases de datos, muy utilizadas en la administración.
- **Aplicación para empresarios:** generalmente abarcan campos como la contabilidad o la finanza.
- **Hojas de cálculo:** se trata de software que asiste en el cálculo y tratamiento de datos utilizando filas y columnas de la misma y muchas más funciones con el fin de realizar operaciones numéricas.

- Se pueden encontrar:

A. Microsoft Excel

Viene incorporado en el paquete de Office. Es muy popular.

- **Ventajas**: se caracteriza por su versatilidad y por la cantidad de tareas y acciones que se le pueden pedir para acometer los objetivos; tiene tablas de fácil comprensión de datos introducidos y modificados; es muy utilizado a nivel global y en muchos tipos de empleos; es de muy fácil compresión y tiene muchos vídeos tutoriales en internet donde explican sus diferentes características.
- **Desventajas**: es un programa privado y hay que realizar un desembolso por él; no es compatible con todos los sistemas operativos, solo con Windows y Mac; algunos archivos pueden ser muy grandes y ocupar mucho espacio de la memoria del ordenador donde se está trabajando.

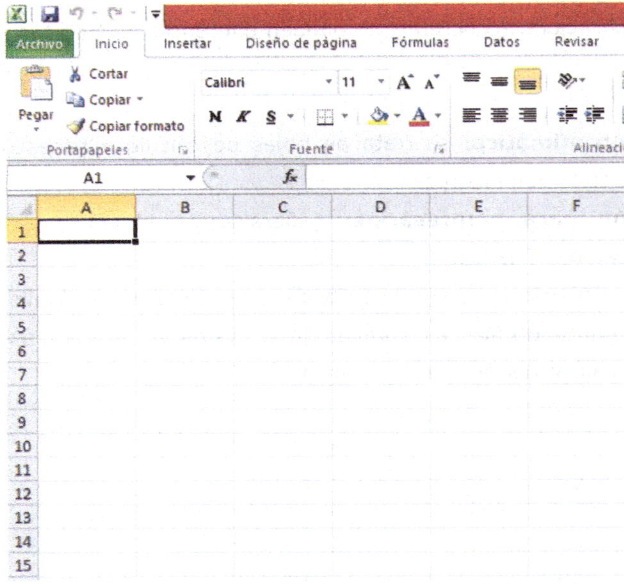

Ejemplo de Excel en blanco

B. Microsoft Access

Programa informático destinado a crear bases de datos con las que trabajar de manera fácil.

- **Ventajas**: fácil de usar y permite trabajar muchas variables; se puede utilizar en cualquier negocio, ya que, tiene muchas opciones de trabajo; fácil comprensión de datos; permite trabajar de muchas maneras.
- **Desventaja**: cuesta dinero, algunas versiones son más complicadas de manejar, puede no funcionar con ciertos dispositivos; a veces tiene funciones complicadas de manejar.

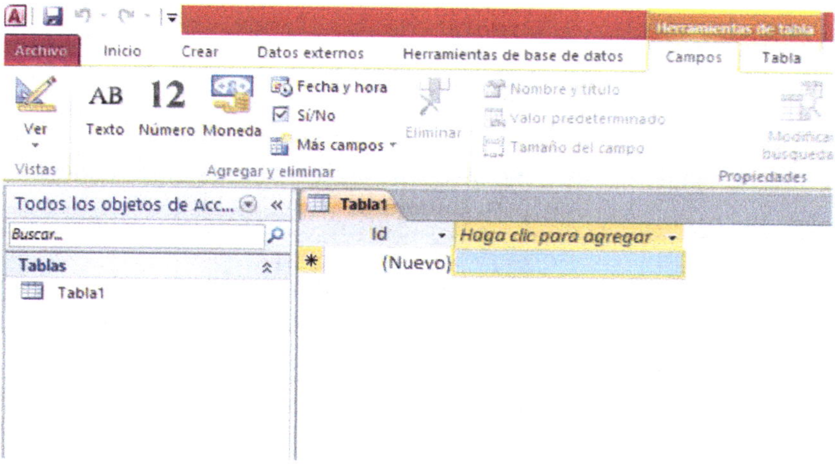

Ejemplo de hoja de Access en blanco

C. Calc

Es la hoja de cálculo de software libre que viene con Open Office. Compatible con el anterior.

- **Ventajas**: puede trabajar sobre hojas de Excel; no cuesta dinero porque viene de serie.

- **Desventajas**: no tiene las mismas opciones de trabajo que Excel; peca de ser simple.

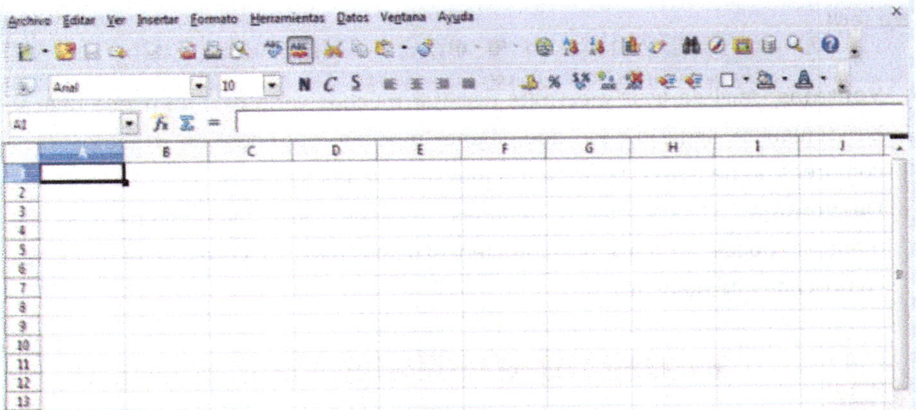

Hoja en blanco de Calc

D. Gnumeric

Se trata de otro software libre en forma de hoja de cálculo similar a los anteriores.

- **Ventajas**: muy fácil de usar; totalmente compatible con Excel; es gratis.
- **Desventajas**: no tiene opciones avanzadas como Excel, lo que le da un carácter simplista.

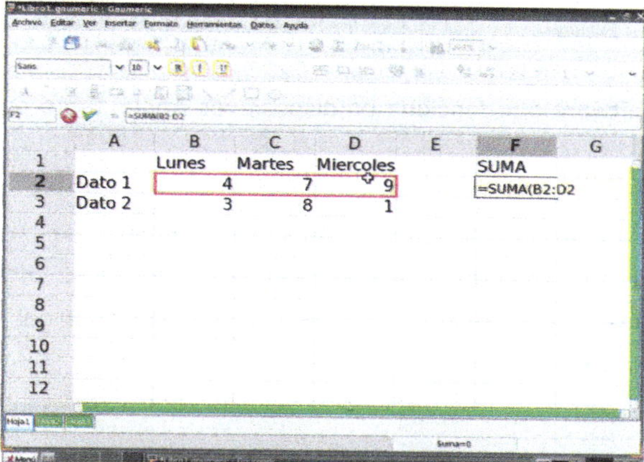

Hoja en blanco de Gnumeric

Además de las hojas de cálculo ya vistas que pueden ser usadas en diferentes sistemas operativos, generalmente Windows, existen otras hojas para otros sistemas como Apple, como son:

E. Numbers

Se trata de otro software que funciona en dispositivos Apple, tanto pc como tabletas o móviles.

- **Ventajas:** contiene más de 250 funciones que lo convierten en una herramienta muy versátil; contiene infinidad de variaciones.
- **Desventajas:** precio elevado; cierta dificultad en su manejo; no es compatible con muchos otros sistemas operativos.

F. Power BI

Se trata de otro software que funciona en dispositivos Apple, tanto pc como tabletas o móviles.

- **Ventajas:** ampliación de características de Numbers; se puede adquirir una prueba gratuita; ofrece muchas mejoras con respecto a su antecesor.
- **Desventajas:** no ha salido al mercado la versión final del producto; puede llegar a ser caro.

G. Kspread

Programa gratuito que puede ser usado en diferentes sistemas operativos como Linux.

- **Ventajas:** fácil de usar; realiza listas y ejecuta cálculos; es gratis.
- **Desventajas:** peca de ser muy simple.

 **Saber más**

Un sistema operativo es el software principal o conjunto de programas de un sistema informático que gestiona los recursos de hardware y provee servicios a los programas de aplicación de software, ejecutándose en modo privilegiado respecto de los restantes.

Los más comunes son: Windows y Apple.

Un concepto muy interesante e importante dentro del mundo de la informática, y más concretamente, del software son las **funciones**.

Se definen estas como las fórmulas que se utilizan en una hoja de cálculo, si bien, cumplen otras funciones, como se enumeran a continuación:

- Función de base de datos.
- Función matemática.

- Función estadística.
- Función de búsqueda.
- Función de referencia.
- Función de texto.
- Función lógica.
- Función de información.

Vistas todas estas funciones, se puede comprender la grandeza de una hoja de cálculo, ya que, no solo se usa para compilar datos, sino que, se puede utilizar para un sinfín de tareas que ayuden a gestionar el negocio de una manera más eficiente.

Usando como referencia el programa Excel, se van a mostrar una serie de imágenes relativas a la gestión de restauración, haciendo uso de dicho programa, además de unas notas explicativas a pie de página.

Recuerda

Las **hojas de cálculo** más populares son: excel, acces, calc y Gnumeric.

Tu empresa

FICHA DE PEDIDOS

Fecha de elaboración DD / MM / AA

Dpto: _______________________

Fecha de recibo DD / MM / AA

Proveedor	# Ref.	Descripción Producto	Cant.	Unid.	Ped.	Rec.	Observaciones

Ejemplo de ficha de pedidos en Excel

	Tiempo 1				Tiempo 2				Tiempo 3				TOTAL			
	Previsión T	Año t-2	Año t-1	Año T	Previsión	Año -2	Año -1	Año 0	Previsión	Año -2	Año -1	Año 0	Previsión	Año -2	Año -1	Año 0
01/mm/aa																
02/mm/aa																
03/mm/aa																
04/mm/aa																
05/mm/aa																
06/mm/aa																
07/mm/aa																
08/mm/aa																
09/mm/aa																
10/mm/aa																
11/mm/aa																
12/mm/aa																
13/mm/aa																
14/mm/aa																
15/mm/aa																
16/mm/aa																
17/mm/aa																
18/mm/aa																

Ejemplo de facturas y presupuesto en Excel

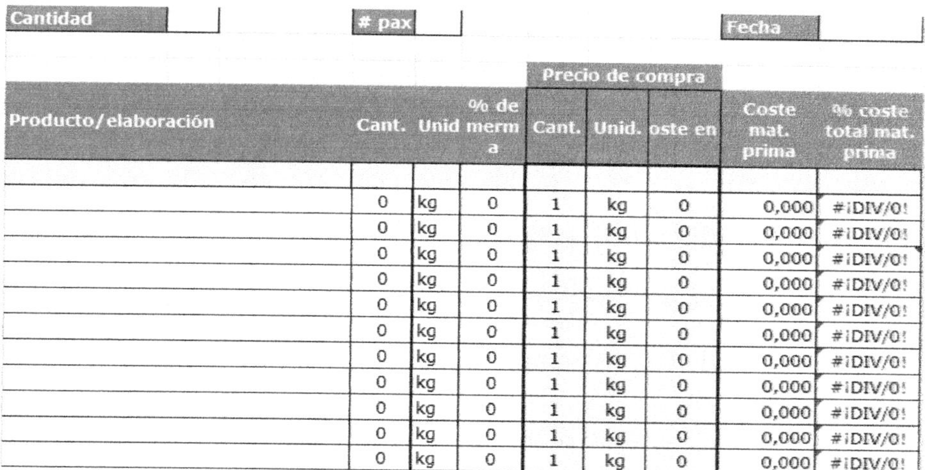

Producto/elaboración	Cant.	Unid	% de merma	Precio de compra			Coste mat. prima	% coste total mat. prima
				Cant.	Unid.	oste en		
	0	kg	0	1	kg	0	0,000	#¡DIV/0!
	0	kg	0	1	kg	0	0,000	#¡DIV/0!
	0	kg	0	1	kg	0	0,000	#¡DIV/0!
	0	kg	0	1	kg	0	0,000	#¡DIV/0!
	0	kg	0	1	kg	0	0,000	#¡DIV/0!
	0	kg	0	1	kg	0	0,000	#¡DIV/0!
	0	kg	0	1	kg	0	0,000	#¡DIV/0!
	0	kg	0	1	kg	0	0,000	#¡DIV/0!
	0	kg	0	1	kg	0	0,000	#¡DIV/0!
	0	kg	0	1	kg	0	0,000	#¡DIV/0!
	0	kg	0	1	kg	0	0,000	#¡DIV/0!

Ejemplo de escandallo en Excel

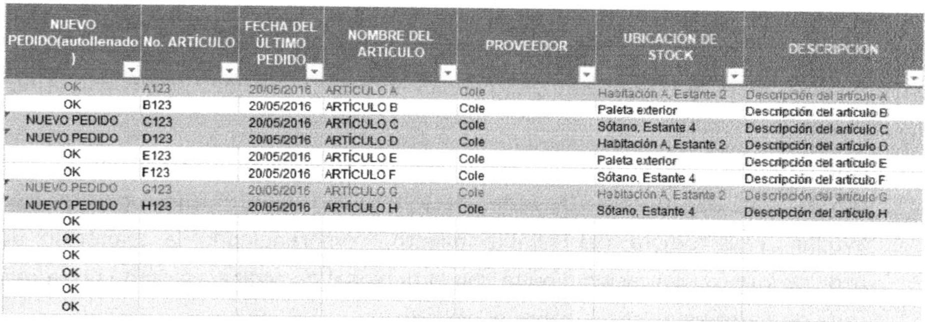

NUEVO PEDIDO(autollenado)	No. ARTÍCULO	FECHA DEL ÚLTIMO PEDIDO	NOMBRE DEL ARTÍCULO	PROVEEDOR	UBICACIÓN DE STOCK	DESCRIPCIÓN
OK	A123	20/05/2016	ARTÍCULO A	Cole	Habitación A, Estante 2	Descripción del artículo A
OK	B123	20/05/2016	ARTÍCULO B	Cole	Paleta exterior	Descripción del artículo B
NUEVO PEDIDO	C123	20/05/2016	ARTÍCULO C	Cole	Sótano, Estante 4	Descripción del artículo C
NUEVO PEDIDO	D123	20/05/2016	ARTÍCULO D	Cole	Habitación A, Estante 2	Descripción del artículo D
OK	E123	20/05/2016	ARTÍCULO E	Cole	Paleta exterior	Descripción del artículo E
OK	F123	20/05/2016	ARTÍCULO F	Cole	Sótano, Estante 4	Descripción del artículo F
NUEVO PEDIDO	G123	20/05/2016	ARTÍCULO G	Cole	Habitación A, Estante 2	Descripción del artículo G
NUEVO PEDIDO	H123	20/05/2016	ARTÍCULO H	Cole	Sótano, Estante 4	Descripción del artículo H
OK						
OK						
OK						
OK						
OK						
OK						

Ejemplo de inventario en Excel

Presupuesto para un año															
	Totales	Ene	Feb	Mar	Abr	May	Jun	Jul	Ago	Sep	Oct	Nov	Dic	Totales	Promedio
Presupuesto para 2019	Ingresos estimados	3.925	3.568	6.523	4.000	2.300	2.500	12.460	18.001	14.256	10.005	7.896	2.230	87.664	7.305
	Gastos previstos	2.734	3.308	3.129	3.237	2.772	2.796	11.175	8.790	4.808	5.940	3.998	2.797	55.484	4.624
	Ingresos-Gastos	1.191	260	3.394	763	(472)	(296)	1.285	9.211	9.448	4.065	3.898	(567)	32.180	2.682
	Resultado total	1.191	1.451	4.845	5.608	5.136	4.840	6.125	15.336	24.784	28.849	32.747	32.180	-	-

Tipo	Empresa	Concepto	Ene	Feb	Mar	Abr	May	Jun	Jul	Ago	Sep	Oct	Nov	Dic	Totales	Promedio
Ingreso	xxxx	Proyectos	3.915	3.558	6.513	3.990	1.290	2.490	12.450	17.990	14.200	10.000	7.800	1.200	85.396	7.116
Ingreso	xxxx	Intereses	10	10	10	10	10	10	10	11	56	5	96	30	268	22
Ingreso	xxxx	Premios					1.000							1.000	2.000	167
Gasto	xxxx	Gas	250	230	200	100	100	100	186	130	152	400	300	250	2.398	200
Gasto	xxxx	Luz	90	80	70	60	80	69	90	60	76	20	46	48	809	67
Gasto	xxxx	Agua	15	220	120	120	120	120	120	12	120	120	120	200	1.407	117
Gasto	xxxx	Internet	29	28	29	27	26	30	35	16	27	29	27	26	329	27
Gasto	xxxx	Dietas	200	100	200	150	36	302	32	146	258	69	320	100	1.913	159
Gasto	xxxx	Sueldos	1.000	1.500	1.360	1.630	1.260	1.025	9.562	7.256	3.025	4.152	2.035	1.023	34.828	2.902
Gasto	xxxx	Alquiler local	1.000	1.000	1.000	1.000	1.000	1.000	1.000	1.000	1.000	1.000	1.000	1.000	12.000	1.000
Gasto	xxxx	Limpieza	150	150	150	150	150	150	150	150	150	150	150	150	1.800	150

Ejemplo de presupuesto anual en Excel

Además de las opciones vistas anteriormente, el mercado ofrece otras alternativas a los programas gratis, o aquellos que son más populares.

De entre las opciones que se bajaran, se pueden encontrar unas destinadas para TPV:

- **Storyous:** permite la administración total del establecimiento a través de una tableta, con un uso fácil. De aprendizaje intuitivo tiene muchas opciones que ayudan a la mejora del establecimiento, comprendiendo la anotación de pedidos y la comunicación directa con el personal de cocina, pasando por a una serie de datos estadísticos sobre el negocio.

  Permite llevar un control sobre el stock, escandallo, impuestos, empleados, etc. Puede cruzar datos con otros programas informáticos para mejorar la experiencia y, además, puede funcionar sin necesidad de acceso a internet.

  Cuenta con varios colores y precios que se adaptan a lo que se necesita en el negocio.

- **Glop:** uno de los software más fáciles de utilizar en el mercado. Cuenta con actualizaciones constantes que lo hacen adaptable a cualquier obligación legislativa o a cualquier manera de gestionar el negocio.

Cuenta con conexión directa con el staff técnico de la compañía que permite ayudar ante cualquier incidencia.

Permite aumentar las capacidades del TPV mediante expansiones que se pueden adquirir.

- **Camarero 10:** Aporta información sobre qué comidas y bebidas se venden más, cuándo es la franja horaria con más venta, qué ingresos hay, qué gastos hay, etc.

Presenta la ventaja de poder utilizarse gratuitamente durante 15 días. Suele ser empleado en franquicias.

- **Hosteltáctil**: cuenta con la ventaja de llevar una década en el mercado, con lo que es uno de los que más experiencia tiene.

Software fácil de usar y tiene un soporte técnico específico con formación para que pueda aprovechar al máximo el programa.

- **Numier**: permite que los empleados gestionen el servicio a través del software, teniendo la ventaja de que, al realizar determinadas acciones, se pueda enviar un correo con la información llevada a cabo.

Permite el acceso al programa desde cualquier dispositivo.

Ha sido certificada por AENOR.

- **Ágora**: aplicación muy útil en restaurantes de comida rápida o cafeterías. Cuenta con su propia aplicación *"My Ágora"*.

Compatible con los sistemas operativos Apple, Windows y Android.

- **Oktopos**: cualquier entrada o salida de caja, queda registrado en este programa a través de internet, con lo que todos los datos se quedan registrados en este.

  De fácil manejo, presenta la desventaja de solo poder ser usado en Windows PC.

- **Loyverse**: tiene como beneficio el tener soporte técnico especializado las 24 horas del día, todos los días del año.

  Puede ser usado en cualquier Smartphone y descargado desde sus tiendas virtuales.

  Puede ser utilizado sin necesidad de conexión a internet.

- **TactilWare**: realiza copias de seguridad en su servidor de internet, con lo que, se evita pérdida de datos en caso de fallo del programa.

  Permite analizar el consumo de los clientes a través de un sistema de cifrado, dejando así, la posibilidad de ofrecer promociones o rebajas a los clientes más fieles, adaptadas a sus gustos y preferencias.

- **iaTPV**: tiene un gran despliegue de medios para hacer más sencillo su manejo, contiene 20 vídeos tutoriales para ellos.

  Tiene una versión de prueba de 1 mes y se pueden adquirir dos formas del mismo, una más sencilla para negocios pequeños y otra más grande para aquellos establecimientos de mayor tamaño.

Por otro lado, el abanico de posibilidades que se abren ante la utilización de programas informáticos es muy amplio. Dentro de esta se encuentran:

- **Cardi**: se trata de una aplicación que permite a los clientes descargarse la carta del establecimiento directamente en su dispositivo, proporcionando información al mismo antes de llegar al local.

  Además, cuenta con un servicio de maridaje de platos con bebidas, otro servicio de recomendación de comidas. Permite la optimización de la carta mediante un sistema de opiniones de clientes, en donde se tiene en cuenta sus gustos, quejas y necesidades.

  Permite la personalización de la carta desde cualquier dispositivo.

  Cuenta con recomendaciones que pueden ser editadas para los clientes; se pueden añadir imágenes y descripciones de los platos para que los clientes conozcan su contenido; tiene modo online; se puede agregar publicidad para genera ingresos extra; se puede pagar a través de cuota mensual.

- **Mimenu**: permite que los clientes realicen los pedidos desde la mesa u otro lugar del establecimiento, con lo que, la intervención de los camareros es mínima. La comanda digital puede ser de comidas y bebidas.

  Permite al consumidor tener un registro de su consumo, a través del **DNI** electrónico.

  Capacita para ver los platos a través de fotos que se realizan previamente; deja conocer la composición del plato, alérgenos y sustancias intolerantes; personaliza la forma de preparación del plato, ejemplo, carne muy hecha; el cliente conoce en qué estado se encuentra el pedido; mejora la fidelización del cliente.

- **Gourment**: aplicación que puede ser utilizada por el personal de sala en gran variedad de establecimientos de hostelería.

Elimina tiempos muertos, desplazamientos que no hacen falta, no existen problemas de escritura y comprensión, mejora la velocidad del proceso, permite confirmación de pedidos, etc.

Mejora el control sobre las mesas y las ventas; la comanda se escribe de manera más rápida y se introduce antes; conexión directa con cocina a través de un sistema de comunicación; permite personalizar el producto que el cliente quiere consumir; se puede imprimir la comanda; se pueden aplicar descuento y promoción para fidelizar clientes.

- **Eventos**: como su nombre propiamente indica, se trata de una aplicación que permite administrar eventos, cocktail de bienvenida, cumpleaños, etc.

Cualifica para gestionar el evento antes, durante y después, planificación de dictas, diseño de menús, creación de facturas, etc.

Deja realizar llamadas telefónicas; gestiona la agenda; administración de stock y almacén; editar y crear menús; control sobre proveedores.

- **Solución automática de cobro:** software que incrementa la productividad del establecimiento, disminuyen el tiempo que se emplea en gestionar y aumentando la atención al comensal.

Se puede utilizar para cobros en efectivo sin tener la presencia del personal, mejora el cierre de caja, mejora los tiempos de cobro, etc.

Resumen

Una vez terminada la unidad, el alumno ha sido familiarizado con conceptos informáticos básicos que le permitirán mayor destreza a la hora de enfrentarse a su aplicación en un negocio.

Sabe de la existencia de diferentes dispositivos que mejoran la gestión del establecimiento. Uno de ellos, tpv, es una herramienta que cada vez está siendo más imprescindible en la hostelería.

Conoce el software a su disposición, tanto de pago como libre y cómo se puede aplicar en el negocio.

Glosario

Automatizar

Aplicar máquinas o procedimientos automáticos en la realización de un proceso o en una industria.

Datáfono

Aparato conectado a una línea telefónica que, en los establecimientos públicos, permite pagar o abonar una compra mediante una tarjeta bancaria.

Establecimiento hostelero

Aquel establecimiento cuya actividad principal es ofrecer alojamiento a personas, mediante precio, de forma habitual y profesional, con o sin otros servicios complementarios, mediante la denominación genérica de hotel, hostal, pensión o similar.

Hardware

Todos los componentes físicos de un dispositivo electrónico, pantalla, ratón, placa base, monitor, cables, etc. Hace referencia a la parte tangible.

Informatizar

Implantar o aplicar medios informáticos para el desarrollo de una actividad o trabajo.

Nube

Conocida también como servicios en la nube, informática en la nube, nube de cómputo, nube de conceptos o simplemente «la nube», es un paradigma que permite ofrecer servicios de computación a través de una red, que usualmente es Internet.

Software

Se refiere a todas las aplicaciones y sistemas informáticos office, adobe, windows, linux, mac, etc. Hace referencia a la parte no tangible.

TPV

Terminal en punto de venta.

Ejercicios de autoevaluación

1. ¿Qué es un programa informático o software?

a) Se trata del soporte lógico de un sistema informático, que contiene el conjunto de los componentes lógicos necesarios que posibilitan la realización de tareas específicas; por otra parte, se encuentran los componentes físicos que son denominados *hardware*.

b) Se trata del soporte lógico de un sistema económico, que contiene el conjunto de los componentes lógicos necesarios que posibilitan la realización de tareas específicas; por otra parte, se encuentran los componentes físicos que son denominados *hardware*.

c) Se trata del soporte lógico de un sistema informático, que contiene el conjunto de los componentes ilógicos necesarios que posibilitan la realización de tareas específicas; por otra parte, se encuentran los componentes físicos que son denominados *hardware*.

d) Se trata del soporte lógico de un sistema informático, que contiene el conjunto de los componentes lógicos necesarios que posibilitan la realización de tareas muy generales; por otra parte, se encuentran los componentes físicos que son denominados *hardware*.

2. ¿Cómo trabajan el software y el hardware en un ordenador?

a) Trabajan por separado porque conjuntamente no podrían ya que uno es físico y el otro es digital.

b) Trabajan conjuntamente el uno con el otro, porque están diseñados a tal efecto.

c) Trabaja juntos, pero no en el mismo tiempo.

d) A y C son correctas.

3. ¿Qué es el hardware?

a) Hace referencia a todos los componentes físicos de un dispositivo electrónico, pantalla, ratón, placa base, monitor, cables, etc. Hace referencia a la parte intangible.

b) Se refiere a todas las aplicaciones y sistemas informáticos, office, adobe, Windows, Linux, mac, etc. Hace referencia a la parte no tangible.

c) Se refiere a todas las aplicaciones y sistemas informáticos, office, adobe, Windows, Linux, mac, etc. Hace referencia a la parte tangible.

d) Hace referencia a todos los componentes físicos de un dispositivo electrónico, pantalla, ratón, placa base, monitor, cables, etc. Hace referencia a la parte tangible.

4. ¿Qué es el software?

a) Hace referencia a todos los componentes físicos de un dispositivo electrónico, pantalla, ratón, placa base, monitor, cables, etc. Hace referencia a la parte intangible.

b) Se refiere a todas las aplicaciones y sistemas informáticos, office, adobe, Windows, Linux, mac, etc. Hace referencia a la parte no tangible.

c) Se refiere a todas las aplicaciones y sistemas informáticos, office, adobe, Windows, Linux, mac, etc. Hace referencia a la parte tangible.

d) Hace referencia a todos los componentes físicos de un dispositivo electrónico, pantalla, ratón, placa base, monitor, cables, etc. Hace referencia a la parte tangible.

5. ¿Cuáles son las iniciales de tpv?

a) TPV: todo parece válido; un sistema que certifica la validez de los procesos que se llevan a cabo en el restaurante.

b) TPV: terminal en punto de venta.

c) TPV: todo el público viene; es una estrategia de marketing para aumentar el número de comensales.

d) TPV: tiempo de prueba verificado; se trata de una app que permite conocer el tiempo que se emplea en diferentes tareas dentro del restaurante.

6. ¿Para qué se usa un tpv?

a) Se trata de un dispositivo que asiste en las relaciones con la venta: cobros o pagos, impresión de tickets, inventario, redacción de informes, etc.

b) Se trata de un dispositivo que asiste en las relaciones con la compra: cobros o pagos, impresión de tickets, inventario, redacción de informes, etc.

c) Se trata de un dispositivo que dificulta en las relaciones con la venta: cobros o pagos, impresión de tickets, inventario, redacción de informes, etc.

d) Se trata de un dispositivo que asiste en las relaciones con la venta: cobros o pero no pagos, impresión de tickets, inventario, redacción de informes, etc.

7. ¿Qué ventajas presenta la adquisición de un tpv?

a) Acaba con el destiempo, ahorro de dinero y tiempo, control de stock, mejora el trabajo de los camareros, mejora el tiempo de espera, permite analizar datos, administración a distancia, mejora la gestión de locales, mejora la imagen del establecimiento, creación de recetas novedosas.

b) Acaba con el destiempo, ahorro de dinero y tiempo, control de stock, mejora el trabajo de los camareros, mejora el tiempo de espera, permite analizar datos, administración a distancia, mejora la gestión de locales, mejora la imagen del establecimiento, comunicación directa con la Administración.

c) Acaba con el destiempo, ahorro de dinero y tiempo, control de stock, mejora el trabajo de los camareros, mejora el tiempo de espera, permite analizar datos, administración a distancia, mejora la gestión de locales, mejora la imagen del establecimiento, comunicación directa con el suministrador.

d) Acaba con el destiempo, ahorro de dinero y tiempo, control de stock, mejora el trabajo de los camareros, mejora el tiempo de espera, permite analizar datos, administración a distancia, mejora la gestión de locales, mejora la imagen del establecimiento.

8. ¿Qué es una nube informática?

a) Conocida también como servicios en la nube, informática en la nube, nube de cómputo, nube de conceptos o simplemente «la nube», es un paradigma que permite ofrecer servicios de computación a través de una red, que usualmente es de pesca.

b) Conocida también como servicios en la nube, informática en la nube, nube de cómputo, nube de conceptos o simplemente «la nube», es un paradigma que permite ofrecer servicios de computación a través de una red, que usualmente es Internet.

c) Conocida también como servicios en la nube, informática en la nube, nube de cómputo, nube de conceptos o simplemente «la nube», es un hardware que permite ofrecer servicios de computación a través de una red, que usualmente es Internet.

d) Conocida también como servicios en la nube, informática en la nube, nube de cómputo, nube de conceptos o simplemente «la nube», es un paradigma que permite ofrecer servicios de computación a través de una lista de documentos, que usualmente es Internet.

9. ¿Qué desventajas ofrecen los tpv?

a) Pueden aparecer problemas con los terminales, suelen tener precio elevado, viene establecidos en inglés, el beneficio que reportan es a largo plazo, requieren una destreza previa del trabajador con este tipo de herramientas.

b) Pueden aparecer problemas con los terminales, suelen tener precio elevado, viene establecidos en inglés, el beneficio que reportan es a corto plazo, requieren una destreza previa del trabajador con este tipo de herramientas, suelen ser de color verde y ese es un color que no encaja en todos los negocios.

c) Pueden aparecer problemas con los terminales, suelen tener precio elevado, viene establecidos en inglés, el beneficio que reportan es a largo plazo, requieren una destreza previa del trabajador con este tipo de herramientas, suelen ser muy pesado y no son fáciles de transportar durante el servicio de restaurante.

d) Pueden aparecer problemas con los terminales, suelen tener precio elevado, viene establecidos en inglés, el beneficio que reportan es a largo plazo, requieren una destreza previa del trabajador con este tipo de herramientas, tienen que estar enchufados a la corriente eléctrica para poder ser usados.

10. ¿En qué tipo de restaurantes se suele utilizar tpv?

a) No se pueden usar en otro tipo de negocio que sea restaurante tradicional, ya que, fuera de este no tiene sentido su aplicación por el alto coste que supone la inversión inicial.

b) Solo se utiliza en el reparto a domicilio de comida, ya que, pone en contacto directo al consumidor y al trabajador.

c) Se utiliza solo en restaurantes temáticos porque le da un toque diferente al servicio.

d) Se suele utilizar en todo tipo de negocio: reparto a domicilio, take away, pedir en casa y recoger en local, diferente temática de restaurante, etc.

Aplicaciones prácticas

Aplicación práctica 1. Clasificación de la contabilidad

U. A. 1. Conocimiento e implantación del proceso administrativo y contable en restauración

Como hemos visto en esta unidad, existen dos formas de clasificar la contabilidad atendiendo al volumen empresarial.

Clasifícalos y escribe una pequeña reseña de los mismos aportando información básica.

Aplicación práctica 2. Pasivo y activo

U. A. 2. Gestión y control de las cuentas de clientes

En esta unidad hemos visto qué es la contabilidad y, dentro de esta, qué son las cuentas de clientes. Así como los conceptos de pasivo y activo. Define ambos y los clasifícalos.

Aplicación práctica 3. Fondo de maniobra

U. A. 3. Aplicación del análisis contable de restauración

En esta unidad hemos visto el concepto de fondo de maniobra y su clasificación. Clasifica el fondo de maniobra.

Ejercicio de evaluación final

1. ¿Qué es un presupuesto?

a) Empresa o autónomo que vende bienes y servicios a la compañía o que se los cede temporalmente.

b) Usuario final o intermedio que adquiere bienes y servicios y no paga por ellos ningún precio.

c) Estrategia con un objetivo establecido, expresada en valor y términos financieros, que se debe cumplir bajo ciertas condiciones de tiempo.

d) Documento legal de compra-venta donde se incluye información específica de la transacción.

2. ¿Qué es una factura?

a) Empresa o autónomo que vende bienes y servicios a la compañía o que se los cede temporalmente.

b) Usuario final o intermedio que adquiere bienes y servicios y no paga ningún precio por ellos.

c) Estrategia con un objetivo establecido, expresada en valor y términos financieros, que se debe cumplir bajo ciertas condiciones de tiempo y espacio dentro de la empresa.

d) Documento legal de compra-venta donde se incluye información específica de la transacción.

3. ¿Qué es la contabilidad de gestión?

a) Uso, análisis y explicación de la información que se obtiene en la financiación con vistas a adoptar una decisión u otra en un corto plazo de tiempo, en menos de un año.

b) Uso, análisis y explicación de la información que se obtiene en la contabilidad con vistas a adoptar una decisión u otra en un corto plazo de tiempo.

c) Uso, análisis y explicación de la información que se obtiene en la contabilidad con vistas a adoptar una decisión u otra en un largo plazo de tiempo, en más de un año.

d) Es el proceso administrativo utilizado para mantener la exactitud y certeza de las transacciones económicas empresariales y de contabilidad que se llevan a cabo dentro de ésta, con el fin de aumentar la partida de beneficios económicos.

4. ¿Qué es la contabilidad de gestión?

a) Uso, análisis y explicación de la información que se obtiene en la financiación con vistas a adoptar una decisión u otra en un corto plazo de tiempo, generalmente en menos de un año.

b) Es el proceso administrativo utilizado para mantener la exactitud e incertidumbre de las transacciones económicas empresariales y de contabilidad que se llevan a cabo dentro de ésta.

c) Uso, análisis y explicación de la información que se obtiene en la contabilidad con vistas a adoptar una decisión u otra en un largo plazo de tiempo, generalmente en más de un año, para poder aumentar el beneficio económico dentro de la empresa.

d) Es el proceso administrativo utilizado para mantener la exactitud y certeza de las transacciones económicas empresariales y de contabilidad que se llevan a cabo dentro de ésta.

5. ¿Qué es un apunte contable o asiento contable?

a) El lugar donde se sienta el contable de la empresa para trabajar en su puesto de trabajo y realizar su actividad laboral.

b) Es una nota que se realiza en los libros de entrada y salida de mercancía para anotar un movimiento del almacén, que como norma habitual, suele implicar un año natural.

c) Es una nota que se realiza en los libros de contabilidad para anotar un movimiento de personal con el fin de registrar todos los movimientos de personal que se hacen en la empresa.

d) Es una nota que se realiza en los libros de contabilidad para anotar un movimiento monetario.

6. ¿Qué se apunta en un libro diario?

a) Están anotados todos los asientos contables y sus justificantes.

b) El documento donde se especifican cambios en la contabilidad de cada ejercicio.

c) Están anotados todos los asientos contables.

d) El documento donde se especifican cambios en la contabilidad de un ejercicio, que abarca un año fiscal.

7. ¿Qué se apunta en un libro de inventarios y balance?

a) Están anotados todos los asientos contables y sus justificantes, salvo los que se realizan en el departamento de personal.

b) El documento donde se especifican cambios en la contabilidad de cada ejercicio.

c) Están anotados todos los asientos contables.

d) El documento donde se especifican cambios en la contabilidad de un ejercicio, comprendiendo un año fiscal.

8. ¿Qué son los asientos irreversibles?

a) Documento que prepara dos asientos, uno para apropiar la cuenta de los gastos y otro para ajustar la misma a la actividad de la empresa, teniendo en cuenta los ingresos de la misma.

b) Supone el establecimiento de dos asientos, uno para crear una cuenta del gasto pagado de antemano y otro para ajustar el mismo dentro de la empresa.

c) Supone el establecimiento de dos asientos, uno para crear una cuenta de ingresos de antemano y otro para ajustar el mismo dentro de la empresa, sopesando las inversiones que se realizan en ciertos departamentos.

d) Documento que prepara dos asientos, uno para apropiar la cuenta de los gastos y otro para desajustar la misma a la actividad de la empresa, teniendo en cuenta un espacio de tiempo.

9. ¿Qué son los asientos reversibles?

a) Documento que prepara dos asientos, uno para apropiar la cuenta de los gastos y otro para ajustar la misma a la actividad de la empresa, en función de los ingresos.

b) Vuelve a traer la tarea de preparar dos asientos, uno para apropiar la cuenta de los gastos y otro para ajustar la misma a la actividad de la empresa.

c) Supone el establecimiento de dos asientos, uno para crear una cuenta de ingresos de antemano y otro para ajustar el mismo dentro de la empresa.

d) Documento que prepara dos asientos, uno para apropiar la cuenta de los gastos y otro para desajustar la misma a la actividad de la empresa.

10. ¿Qué es el análisis de amortización y depreciación de bienes de la empresa?

a) La amortización de los bienes de una empresa viene a ser uno de los conceptos más valiosos para la buena gestión de la misma, pues tiene un impacto inmediato sobre la rentabilidad y ciertos impuestos como el IBI.

b) La amortización de los bienes de una empresa viene a ser uno de los conceptos menos valiosos para la buena gestión de la misma, pues tiene un impacto inmediato sobre la rentabilidad y ciertos impuestos como el IRPF.

c) No se puede aplicar en restauración.

d) La amortización de los bienes de una empresa viene a ser uno de los conceptos más valiosos para la buena gestión de la misma, pues tiene un impacto inmediato sobre la rentabilidad y ciertos impuestos como el IRPF.

11. ¿Qué es la depreciación?

a) Pérdida o disminución del valor que tiene un bien debido al paso del tiempo y en función del uso que se dé.

b) Ganancia o aumento del valor que tiene un bien debido al paso del tiempo y en función del uso que se dé.

c) Pérdida o disminución del tamaño que tiene un bien debido al paso del tiempo y en función del uso que se dé.

d) B y C son correcta.

12. ¿Qué es la amortización?

a) La cantidad de comida que se va a destinar a la recuperación de la inversión que se hizo de un bien y que estará mucho tiempo en la empresa.

b) La cantidad de dinero que se va a destinar a la recuperación de la inversión que se hizo de un bien y que estará poco tiempo en la empresa.

c) La cantidad de dinero que se va a destinar a la recuperación de la inversión que se hizo de un bien y que estará mucho tiempo en la calle.

d) La cantidad de dinero que se va a destinar a la recuperación de la inversión que se hizo de un bien y que estará mucho tiempo en la empresa.

13. ¿Qué es el estudio de la longevidad de los saldos pendientes?

a) Se intenta constatar la evolución temporal de los importes debidos por cada cliente, estando presente los retrasos sobre los vencimientos pactados con anterioridad. Así, se determinará qué riesgo que presenta un cliente, separando la deuda vencida de la no vencida. La cantidad de dinero que se va a destinar a la recuperación de la inversión que se hizo de un bien y que estará poco tiempo en la empresa.

b) Se intenta constatar la evolución lineal de los importes debidos por cada cliente, estando presente los retrasos sobre los vencimientos pactados con anterioridad. Así, se determinará qué riesgo que presenta un cliente, separando la deuda vencida de la no vencida.

c) Se intenta constatar la evolución temporal de los importes debidos por cada trabajador, estando presente los retrasos sobre los vencimientos pactados con anterioridad. Así, se determinará qué riesgo que presenta un cliente, separando la deuda vencida de la no vencida.

d) Se intenta constatar la evolución temporal de los importes debidos por cada cliente, estando presente los retrasos sobre los vencimientos pactados con anterioridad. Así, se determinará qué riesgo que presenta un suministrador, separando la deuda vencida de la no vencida.

14. ¿Qué es el activo fijo?

a) Bienes y derechos que no se ponen en venta, ya que contribuyen al funcionamiento normal de la misma.

b) Bienes y derechos que pueden ser convertidos en dinero.

c) Fondos de la empresa, como el capital total y el dinero de reserva.

d) Deudas de la empresa con bancos, cajas, proveedores, suministradores, empleados, Administración, etc.

15. ¿Qué es el activo circulante?

a) Bienes y derechos que no se ponen en venta, ya que contribuyen al funcionamiento normal de la misma.
b) Bienes y derechos que pueden ser convertidos en dinero.
c) Fondos de la empresa, como el capital total y el dinero de reserva.
d) Deudas de la empresa con bancos, cajas, proveedores, suministradores, empleados, Administración, etc.

16. ¿Qué es el pasivo no exigible?

a) Bienes y derechos que no se ponen en venta, ya que contribuyen al funcionamiento normal de la misma.
b) Bienes y derechos que pueden ser convertidos en dinero.
c) Fondos de la empresa, como el capital total y el dinero de reserva.
d) Deudas de la empresa con bancos, cajas, proveedores, suministradores, empleados, Administración, etc.

17. ¿Qué es el pasivo exigible?

a) Bienes y derechos que no se ponen en venta, ya que contribuyen al funcionamiento normal de la misma.
b) Bienes y derechos que pueden ser convertidos en dinero.
c) Fondos de la empresa, como el capital total y el dinero de reserva.
d) Deudas de la empresa con bancos, cajas, proveedores, suministradores, empleados, Administración, etc.

18. De entre los objetivos de la gestión del crédito de las cuentas por cobrar, destacan:

a) Mantenimiento de las cuentas que se deben cobrar, diseñar y enviar facturas tanto papel como digitales, registro de los pagos de clientes y asignación a las cuentas por cobrar correctas, tener en cuenta el momento de expiración de pagos, elaboración de avisos de pago.

b) Registro y mantenimiento de las cuentas que se deben cobrar, diseñar y enviar facturas tanto papel como digitales, registro de los pagos de clientes y asignación a las cuentas por cobrar correctas, elaboración de avisos de pago.

c) Registro y mantenimiento de las cuentas que se deben cobrar, diseñar y enviar facturas solo en papel, registro de los pagos de clientes y asignación a las cuentas por cobrar correctas, tener en cuenta el momento de expiración de pagos, elaboración de avisos de pago.

d) Registro y mantenimiento de las cuentas que se deben cobrar, diseñar y enviar facturas tanto papel como digitales, registro de los pagos de clientes y asignación a las cuentas por cobrar correctas, tener en cuenta el momento de expiración de pagos, elaboración de avisos de pago.

19. ¿Qué es el dinero líquido?

a) El dinero que se destina a la compra de bebidas y sustancias de estado líquido.

b) Es el dinero que se tiene guardado en forma de acciones o bonos de otras empresas.

c) Es el dinero en efectivo en la caja

d) A y b son ciertas.

20. ¿Cuándo se debe realizar la comprobación diaria del estado de la caja?

a) Se debe realizar antes de la apertura del establecimiento y justo al cerrar éste. Además, se deben comprobar el estado de las cuentas bancarias, con el fin de conocer su situación y tener una realidad de la empresa desde el punto de vista social.

b) Se debe realizar tras la apertura del establecimiento y justo al cerrar éste. Además, se deben comprobar el estado de las cuentas bancarias, con el fin de conocer su situación y tener una realidad de la empresa desde el punto de vista económico.

c) Se debe realizar antes de la apertura del establecimiento y justo al cerrar éste. Además, se deben comprobar el estado de las cuentas bancarias, con el fin de conocer su situación y tener una realidad de la empresa desde el punto de vista económico.

d) Se debe realizar antes de la apertura del establecimiento solamente. Además, se deben comprobar el estado de las cuentas bancarias, con el fin de conocer su situación y tener una realidad de la empresa desde el punto de vista económico.

Solucionario

U. A. 1. Conocimiento e implantación del proceso administrativo y contable en restauración

1. a	**6.** c
2. b	**7.** a
3. c	**8.** c
4. a	**9.** d
5. d	**10.** b

U. A. 2. Gestión y control de las cuentas de clientes

1. d	**6.** d
2. a	**7.** b
3. c	**8.** b
4. b	**9.** d
5. a	**10.** c

U. A. 3. Aplicación del análisis contable en restauración

1. a	**6.** c
2. b	**7.** c
3. d	**8.** a
4. a	**9.** c
5. b	**10.** a

U. A. 4. Manejo de programas informáticos en restauración

1. a

2. b

3. d

4. b

5. b

6. a

7. d

8. b

9. a

10. d

Bibliografía

Legislación

Real Decreto 1514/2007, de 16 de noviembre, por el que se aprueba el Plan General de Contabilidad.

Webgrafía

Administración y gestión comercial en restauración

https://www.revfine.com/es/administracion-del-restaurante/

Auditoría de cuentas a cobrar

https://audagoraauditores.com/blog-contabilidad-auditoria/auditoria/auditoria-de-cuentas-a-cobrar/

Código de contabilidad financiera y sociedades

https://www.boe.es/biblioteca_juridica/codigos/codigo.php?id=89&modo=1¬a=0&tab=2

Elementos clave del diagnóstico empresarial

https://blog.hubspot.es/sales/diagnostico-empresarial

Guía de contabilidad básica

https://www.holded.com/es/blog/guia-de-contabilidad-para-principiantes

Sistemas informáticos para restaurantes

https://es.marketman.com/blog/restaurant-computer-systems-what-you-need-to-keep-business-running